민족학과 인류학 개론

장 코팡

김영모 옮김

東文選

민족학과 인류학 개론

민족학과 인류학 개론

Jean Copans

Introduction à l'ethnologie et à l'antropologie

차 례

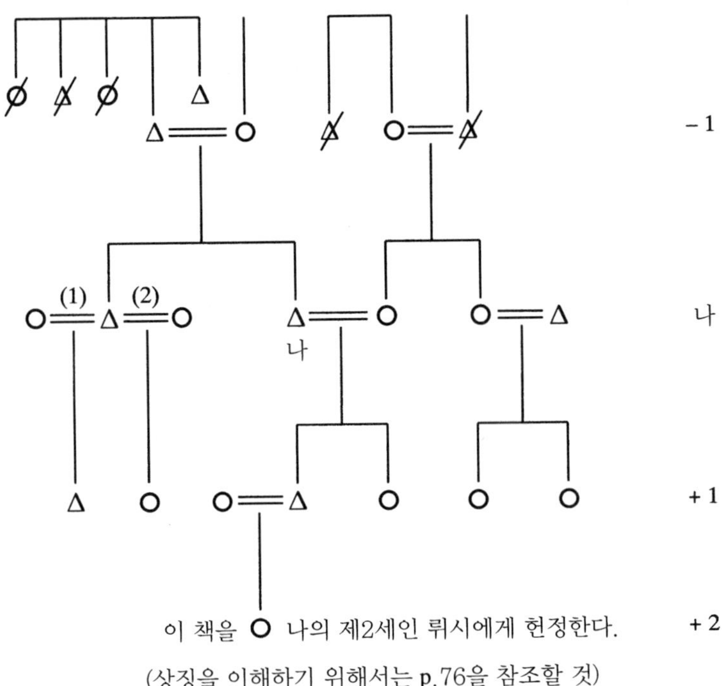

이 책을 ○ 나의 제2세인 뤼시에게 헌정한다.

(상징을 이해하기 위해서는 p.76을 참조할 것)

서론: 독창적인 프로젝트

"땅에 대한 연구는 순교자의 피가
교회에 속하듯이 인류학에 속한다."
C. G. 셀리그먼

어째서 민족학과 인류학인가? 어째서 사회에서 남녀들의 삶을 연구하고 설명하기 위해 서로 다른 여러 학문이 존재하는가? 사람들은 죽은 사람들 세대의 생이 방법과 독특한 정신 상태, 즉 역사를 요구한다고 쉽게 구상할 수 있다. 사람들은 또한 자연적이며 동시에 인간적인 공간과 환경에 대한 관계들이 학문적 염려, 즉 지리학의 대상이 된다는 사실을 이해한다. 또는 여전히 랑그와 랑가주가 언어학에 생기를 불러일으켰거나, 인간의 종에 대한 생물학적이며 동시에 사회적 현상들이 자율적인 영역, 즉 인구통계학을 기초할 수 있다는 사실을 이해한다. 마지막으로 심리학과 심리분석학과 같은 부속학문들이 존재한다는 사실을 이해하며, 이것이 지나치게 깜짝 놀랄 일은 아닐 것이다.

어째서 인류학과 민족학 개개의 기묘한 묘사가 서로의 일부 기술들, 즉 방법이나 사상을 후안무치하게 차용하면서 서로를 즐겁게 함에도 불구하고 인류학과 민족학을 분리해야 하는가? 오늘날 언뜻 보기에 이 두 학문이 서로 유사하고 동가로 보이는 것은 바로 연구의 대상 그 자체이다. 그렇지만 이 두 학문의 서로 유사해 보이는 총체 사이의 대칭은 서로 경쟁할 수 있다. 왜냐하면 비록 오늘날 그 역사가 정도의 차이만을 보이고 있을지라도, 이 두 학문의 역사는 오랫동안 사람들이 본질로서 정의해 온 차이를 밝혀 주고 있기 때문이다. 그렇지만 하나의 전통을 이루고 정당화하는 학문의 역사는 재검토되고 수정되어질 수 있다. 1960-70년대에서 식민주의나 제국주의의 딸로서 인류학 교과목을 통렬히 비난했던 사람들은 이러한 사실을 강화하기 위하여 서양의 문화 프로젝트와 인류학적 수단을 포함하여 이용된 수단 사이에서의 밀접한 유사성을 그런 방법으로 알렸다. 하지만 사회학이 예컨대 산업 노동 조직이나 학교 수업의 절대적인 논리를 연구할 때, 체계적인 방식으로 사회학의 '중요한' 뿌리들을 명백하게 설명할 수 없었던가?

사회적 차이, 문화적 이타성은 정말로 존재하며, 각색되고 또한 구체적인 절차를 정당화할 수 있다. 문제가 여기에 있는 것이 아니다. 몇 년 전부터 이 주제에 대한 성찰이 순조롭게 진행되고 있으며, 인류학을 탄생시킨 차이가 아주 훌륭했는지 어떤지를 아는 것이 오히려 문제이다. 이를테면 총괄적으로 진화론자로 규정된 관점은 타자(Autre)를 원시인(Primitif)으로 규정했었다. 그런데 사람들은 오늘날 원시인이 결코 존재하지 않았으며, 18세기나 19세기에도, 더욱이 20세기조차도 이들이 존재하지 않았다는 사실을 깨닫고 있다. 원시(Primitif)는 아담 쿠퍼가 지적했듯이(1988) 하나의 발명, 즉 이론과 예시들로 강화된 오래된 발명이다. 하지만 오늘날 이국 정서는 죽었다고 마르크 오제(1994*a*, **pp.**188-190)가 결론짓는다. 타자(Autre)는 한편으로는 바로 나 자신이다, 왜냐하면 타자들은 자신들의 차례에서 파롤에 대해 책임이 있기 때문이다, 다른 한편으로는 왜냐하면 현대사회 세계가 우리들 사이의 각자의 가장 심오한 곳까지 문명·문화·성·자아의 중요한 차이를 처방하는 동질성의 참조를 와해시켰기 때문이다. 하지만 차이를 구상하는 이러한 새로운 방식이 상황에 의한 것인지 혹은 인식론적으로 돌이킬 수 없는 방식에 근거한 것인지를 알아보는 일이 남아 있으며, 사회과학이 대립하고 있는 세상의 발전에서 온 것인지 아니면 내재적인 비평, 민족학자 자신들의 사색의 자유에서 온 것인지를 알아보는 일이 남아 있다. 민족학과 인류학은 예전의 학문이 더 이상 아니며, 이 두 학문의 역사와 기능에 대한 성찰의 심화는 이 두 학문이 되고자 확신했던 것이 아마도 결코 아니었다는 사실을 보여준다. 민족학 연구의 가장 아름다운 신비가 바로 민족학 자체의 신비인 것인가!

이것이 어째서 이 책이 다음과 같은 2부를 암암리에 포함하고 있는지의 이유이다. 즉 제1부(제1, 2장)는 이 두 학문의 창립과 발전의 책임을 맡은 역사적·지적 논리를 환기시키면서 이 두 학문 전체 과정을 정의하고 있다. 제2부(제3, 4, 5장)는 이 두 학문의 포괄적인 개관의 성격을 오히려 제시하고 과거와 현재의 중요한 영역을 환기시킨다. 이 제2부는 때론 암시적으로, 때론 좀더 체계적으로 구성되어 있다. 우리가 비록 가능한 한 새로운 테마를 환기하려고 노력했음에도 불구하고 많은 결점을 확인할 수 있다. 참고 문헌의 해설이 있는 입문 형식의 매뉴얼을 축소하는 것이 바람직한 것은 아니지만, 우리들의 관심이 다음과 같은 점에서 모순이라는 것은 확실하다. 말하자면 급변과 재검토에 대한 결과를 알리면서 과학의 전통에 대한 증거를 환기시키는 일이 바로 그것이다. 민족학과 인류학이 한 세기에서 많이 변화했으므로, 오늘날의 개혁가들은 아마도 (새로운)

내일의 창립자가 될 것이다.

이 경우 연구의 마지막 외침은 (최소한 나의 견해로는) 인류학적 동질성에 속한다. 격의 없이 몇 가지 예를 나열해 보기로 하자. 세네갈 매춘녀의 문화적 동질성, 원시 예술품의 교역, 파리 지역의 (세네갈 출신)의 소닌케(Soninke) 가족, 탐험지에서의 연구원들의 성생활, 늑대 사냥, (아마존의) 마오마오(Mau-Mau) 반식민지 운동의 키쿠유(kikuyu) 사상, 탄자니아 농부들의 지성, 아프리카 말리 학생들에게서의 문어와 구어 등등은 민족학과 인류학의 분야에서 모두 다 '새로움'이다.[1]

요약해 보자. 이 두 학문의 정의는 가변적이다. 왜냐하면 국가적 경험과 전통이란 역사적·지리적 다양성이 존재하기 때문이다. 다음 틀 안에 제시된 내용은 바로 이러한 차이를 분명하게 밝혀 줄 것이다.

민족 분류-민족학-인류학
정의의 시도

훌륭한 역사의 세기에도 불구하고 국가적 전통, 주제 프로그램, 이론적 선택의 다양성은 국제 규모로 알려진 최소한의 정의에 대한 모든 기도를 유연하게 하기 위해 충분히 함축성이 있고, 다이내믹하게 남아 있다. 우리들은 여기에서 다소 외형적으로 유사한 여러 용어들의 통용되는 용법을 정당화하기 위해 프랑스적 경험의 결과로서 얻은 관점을 채택할 것이다.

인류학
인류학은 가장 일반적이고 가장 포괄적인 말이며, 인간의

---

1) 이 모든 주제들은 최근 5년간에 걸쳐 출간된 책의 대상이었다.

모든 학문의 가능한 대상의 복잡성을 반영하는 말이다. 그리스어 안트로폴로고스(anthropologos)(안트로포스(anthropos)= '인간')에서 차용한 라틴어 안트로폴로지아(anthropologia)에서 기원하는 인류학은 16세기와 17세기에 우의적인 관점 또는 영혼과 신체의 연구를 언급하는 말이었다. 하지만 이 단어는 퓌르티에르[2]의 《프랑스어 사전》(1690)에는 등장하지 않는다. 18세기말에 인류학은 여러 의미를 갖는다. 먼저 자연주의적인 관점이 존재한다. 따라서 디드로는 1751년의 《백과전서》에서 해부를 인류학이라고 규정했고, 1795년에 독일 사람 블루멘바흐는 인류학을 자연과학으로 정의했다. 바로 20세기 중엽까지 프랑스에서 인류학이 신뢰를 얻고 보존되게 되는 것은 바로 이러한 자연에 관한 인류학의 의미에서이다.

좀더 종합적인 또 다른 의미는(민족학을 포함하게 될) 1788년 《인류학 또는 인간의 과학》이란 책을 펴낸 스위스 출신의 신학자 드 샤반느로 거슬러 올라간다. 같은 해에 독일의 철학자 칸트는 자신의 마지막 저서 《실용적 관점의 인류학》이란 책을 발간했다. 인간관찰협회(Société des observateurs de l'Homme) 회원들은(1799-1804) 이러한 관점에서 인류학이란 용어를 사용했지만, 제한된 의미(해부, 의학)를 부여했다. 앵글로-색슨 세계에서는 인류학이란 용어는 인간 진화의 과거와 현재를 탐험하는 모든 학문을 커버하게 될 것이다. 즉 자연과학 · 고고학 · 언어학 및 민족학. 영국에서 '사회적'이란 품질형용사가 이 용어에 첨가되고, 미국에서 '문화적'이란 용어가 첨가되면서 이 인류학이란 용어가 좀더 정확한 의미를 취하게 되는 것은 바로 19세기말경이다. 따라서 다소간 민족학과 가까운 사회적 또는 문화적 학문과 동시에 인문학 · 자연과학 · 역사학의 총체를 지칭할 수 있는 말인 영어 앤트로폴로지(anthropolgy)와

---

2) Furetière: 17세기 프랑스의 위대한 사전학자. [역주]

통용되는 일상적인 어법을 구분해야만 한다.

　제2차 세계대전 동안의 미국 체류의 영향으로 클로드 레비스트로스는 1950년대에 인류의 사회적 일상 문화의 학문의 의미로 인류학이란 표현을 다시 취하게 될 것이다. 더욱이 클로드 레비스트로스는 인류학이란 말에 자신의 용어로 자리잡게 되는 구조주의란 형용사를 첨가할 것이다. 같은 시기에 사회문화적 변화에 대한 연구가 발랑디에에게 민족학이란 용어보다는 처음에는 사회학이란 용어, 이어서 인류학이란 용어를 더 좋아하도록 유도할 것이다. 1960년대 이후로 인류학이란 용어는 좀더 포괄적인 관점을 갖는다는 이유로 프랑스에서 민족학이란 용어를 부분적으로 대체했다. 그렇지만 이 두 용어들은 제도, 상황이나 방법론적 방향 설정에 따라 유지되고 있다. 사람들은 비록 이 인류학적 표현이 오늘날 좀더 확장된 것처럼 보인다고 할지라도 이 두 용어를 동의어로 사용할 수 있다.

민족 분류-민족학

　그리스어(에트노스(ethnos)= '그룹, 부족') 어원의 이 두 용어는 18세기말-19세기초에 등장했다. 민족 분류(ethnographie)는 무엇보다도 언어의 분류에 해당되며, 반면에 민족학은 부족과 인종의 분류에 대한 좀더 근원적인 의미를 포함한다. 1772년부터 독일 사람 슐뤼처는 형용사 '민족 분류의(ethnographique)'란 용어를 《세계 역사의 소개》란 책에서 사용했다. 스틱의 1784년 참고 문헌은 《다른 민족 분류의 호기심》이란 풍속에 관한 난을 포함하고 있다. 하지만 이 용어가 제 사실에 대한 기술이라는 현재의 의미로 대중화되는 것은 바로 그후인 1824년 발비의 《세계의 민족 분류지도》 출간 이후이다. 민족학에 대해 말하자면, 이 용어 또한 스위스인 드 샤반느의 1788년에 출간된 《인류학》에서 그가 제안한 용어이다. 민족학은 무엇보다도 부족들의 역사를 재구성하는 학문이며, 바로 인류학이란 용어에 대해 영어로 이 용어의 사용의 신용을 떨어뜨리는 것은 바로 이러한 성찰의 관점에서이다.

이와는 달리 이 용어는 프랑스에서 사회과학으로서의 사회학과 구별하기 위해 전문 용어로 자리잡았다. 1925년 민족학연구소의 창설은 이러한 일반적이고 비교 가능한 정의를 확신시켜 주었다. 민족학은 민족 자료를 이용하지만, 종종 통계적이고 규범적인 관점을 유지한다. 또한 민족학은 모든 사회나 문화를 관통하는 시간적 역동성을 중화시키는 경향을 가질 수 있다. 아울러 민족학은 우리들 자신의 사회에 관계될 수도 있다. 말하자면 이 용어는 1980년에 만든 '민족유산보존위원회'란 명칭을 위해 문화부장관에 의해 사용된 표현이기도 하다.

민족 분류에서 민족학, 이어서 인류학으로의 통행은 외견상으로 기술적이고 나아가 이론적인 끼워 맞추기와 점점 더 확장된 비교와 일반화의 과정을 동시에 밝혀 준다. 이러한 운동은 우리들을 문화의 변전에 관해 좀더 체계적이고 비교의 성찰과 추상적이고 보편적인 명상을 해야 하는 인구의 소위 객관적이고 중립적인 기술로 유도한다. 하지만 이러한 프로젝트는 역사적이라기보다 더욱 논리적이며, 이 학문들의 개개의 자율성은 항상 상대적이었다. 국가의 과학적 전통은 아주 자연스럽게 이러한 진보를 굴절시키고, 이러한 세 가지 접근 방식의 총체는 마침내 하나의 동일한 학문을 구성한다.

역사적 역동성

민족학 특히 종합적인 정의에서 인류학은 다음과 같이 네 개의 제안으로 요약 가능한 특별한 관심과 동시에 보편적 과학의 질문을 밝혀 준다.

— 이 두 학문은 차이를 만들고, 그렇게 함으로써 더 이상 자

신이 아닌 타자(Autre)에게 특권을 주는 것이 필요함에 따라서 사회과학에서 현대적인 발명의 가장 역설적인 형태를 구성한다.

— 이러한 차이는 사회와 인간문화의 발전 자체에 기록될 것이다.

— 그렇지만 이러한 차이는 본질이 아닌 역사이다. 이것이 어째서 민족학의 목적이 학문의 기원에서부터 그토록 많은 정의에 대한 재판권을 갖고 있는지의 이유이다, 즉 원시·문화·전통·민족·복합 사회. 이러한 역사는 관계, 방법의 역사이며, 학문의 본질 자체를 상징화하기에 이르는 참가하는 관찰(p.58의 틀 참조)이다. 즉 두 세계 또는 여러 세계 사이에서의 왕복.

사회와 문화의 변화에 참여하는 민족학과 인류학은 증명하고, 입증하고 해석한다. 차이는 자신의 고유한 언어로 연구자가 작성하는 문서에서 완성된다. 아주 종종 최근의 과거를 재구성하는 형태에 불과한 민족 분류의 현재와 무엇보다도 사회학자에 의해 자극을 받았지만, 점점 더 민족학자에 의해 재적응되거나 되찾은 현재 사이에서의 부조화가 사라지고 있는 중이다. 오늘날 지역과 세계가 도처에서 서로 혼합된다. 이것이 어째서 우리가 아주 신중하게 현재 이 두 학문이 사물의 무질서와 사물의 묘사의 질서를 동시에 말하기 위해 가장 잘 자리 잡고 있다는 사실을 확인할 수 있는지의 이유이다.

민족학, 특히 그 방법론은 점점 더 많아진 역사·지리·교육학·사회학에서 차용하거나 모방한 대상이다. 그렇지만 오히려 실리주의의 이러한 강독은 종종 학문의 기원의 관심에 필요한 쇄신과 새로운 의문이 일어나지 않으리라 예상하고 모험을 무릅쓴다. 클로드 레비스트로스(1960-80년 동안 이 분야에서 국제적으로 가장 유명한 인류학자인)의 구조주의 접근에 의해 전개

된 분석과 철학적 모델의 성공과 힘은 이 학문에 아마도 크게
공헌할 것이다.

　나는 이 책을 정성을 다해 읽어 준 베르트랑 마스클리에와 미
셸 코팡에게 감사의 말을 전한다.

1

인류학의 직업

민족학은 항상 민족학의 옛 기원 및 철학적 기원에서부터 낯섦(낯선 느낌, 환경의 변화, 유배), 개인 경험, 타인의 동질성에 관한 정신적 질문, 한마디로 낭만적이며 고독한 영웅적 행위의 형태와 결합되어 있다. 오늘날에도 여전히 많은 연구가 프랑스나 유럽의 땅에 할애되고 있지만, 이러한 이미지는 완전히 제도화된 직업 활동과 점점 더 신화적이고 기만하는 표식의 이미지 사이에 그 어떤 관련이 없었던 것처럼 계속하여 살아 있고 번성한다. 민족학을 하기 위해서는 많은 일을 하는 것이 필요하며, 그것도 확실한 방법으로 해야 한다. 말하자면 매일하는 산책, 전통이나 구두로 내려오는 문화에 대한 관심, 질적이라고 불리는 앙케트 또는 타문화에 갖는 관심(이민 인구를 포함하여) 등은 비록 이것이 이 학문의 프로젝트, 방법론, 목적이라고 할지라도 이러한 학문을 전혀 정의할 수 없다.

우리는 민족학의 '블랙박스'에서 무엇을 발견할 수 있는가? 시작하기 위해 다음과 같은 세 가지 카테고리에 속하는 일련의 작품들이 존재한다. 첫째, 다른 문화의 가운데로의 여행에 관계되는 **대상들**. 예컨대 사람들이 수집하고, 분류하고, 다소간 전문화된 박물관에서 전시하는 물질적인 대상들. 둘째로 특히 **텍스트**가 존재한다. 이를테면 세계문화 유산으로 전해오는 가장 다양한 문자로 된 텍스트. 민족학의 작품(또는 기사)은 여러 언어로 즉시 번역되고 우리는 다른 사회과학에서와 마찬가지로 많은 무시할 수 없는 국가의 학문적 전통에 여전히 폭넓게 의존하고 있다. 마지막으로 민족학, 이것은 **이미지들**이다. 즉 사진, 필름에 이어 현재는 비디오가 포함된다. 이 이미지들은 삽화, 자료 또는 증거의 목적으로만 사용되어지지 않고, 점점 더 분석과 설명의 과학적 수단이 되었다.

작품들의 애독은 우리에게 좀더 정확하게 민족학적 프로젝트의 내부 조직을 파악하게끔 허락해야 한다. 간략하게 말하자면, 이것은 다음과 같은 세 가지 점에 기초한다:

— 이 프로젝트가 지칭하고 구성하는 사회문화적 대상들(민족학이 우리에게 말하고 기술하고자 하는 것).

— 지식의 생산에 있어서 가장 종합적이고 가장 개인적으로 참여하는 접근 방식으로 통하는 탐사지의 앙케트(장기간으로).

— 마지막으로 현실을 설명할 뿐만 아니라 사후에 자율적인 학문이 되는 이유를 정당화시키는 사상과 이론들. 그렇지만 이러한 제시는 아주 종종 지리뿐만 아니라 주제의 전문화와 구분의 총체, 즉 국가의 과학적 전통과 세계의 사회정치의 발전이란 변증법으로 넓게 한정된 총체로 제시되는 민족학의 실제의 역동성을 메마르게 하지 않는다.

1. 작품들

르네상스 시대의 최초의 대서양 횡단 여행 때부터, 선원·선교사·상인들은 일상적이거나 의식에 관계되는 용품들을 가져

왔다. 그런데 이 용품들은 장식 예술이나 장인 예술의 증거이며, 이와 동시에 생의 장르나 이국적인 관습의 증거에 속했다. 파리의 인간박물관의 가장 오래된 물건은 우주형상지학자인 테베[3]가 가져와 프랑수아 1세에게 헌정한 투피남바(Tupinamba) 인디언들의 깃털로 만든 망토이다. 이 시기부터 골동품의 수집이나 골동품상들이 배가되기 시작했다. 하지만 오늘날 우리가 들을 수 있는 박물관들이 들어서기 시작한 것은 바로 19세기이다. 당시의 개혁 정신은 식민지의 맥락과 마찬가지로 제시뿐만 아니라 수집의 체계화를 설명해 준다. 문화는 무엇보다도 문화 상품, 문화의 재료로 설명된다. 말하자면 고고학의 유적을 본떠 만든 현재의 물품들은 인간의 기원을 재구성하게 해주고, 물품의 기술과 의미를 비교하게 해주며, 견본에 근거하여 시대를 초월하는 사회와 문화를 분류하게 해준다. 일부 사람들은 인간 ‘견본’의 탄생 덕분에 생생한 전시회를 망설이지 않고 제안한다. 서커스와 식민지의 전시회는 1930년대까지 ‘원시인’을 도입할 것이다. 서양적 협약의 거리를 둔 냉정한 판단과 비평 수단으로서의 원시 예술은 마침내 이러한 품목의 이국적 평가에서 가장 유명한 예 중의 하나가 된다(피카소는 1907년 ‘흑인’ 예술과 조우한다).

민족박물관 · 자연사박물관 · 선사박물관에 민족 자료 컬렉션을 계승하는 지역민족학의 좀더 전문화된 박물관이 첨가된다. 1937년부터 사람들은 대중 예술과 대중의 전통에 대해 말할 것

---

3) Thévet(1503-1590): 16세기의 프랑스 역사학자로 아메리카 · 아프리카를 여행했고, 특히 지리와 풍속에 관심이 많았으며, 이들 지역에서 많은 민족 자료를 프랑스로 가져왔다. 〔역주〕

이다. 오늘날 이러한 박물관들은——야외에 위치하기도 하는
——유럽에서 상당한 성공을 거두었다(그 첫번째 박물관은 1873
에 만들어진 스톡홀름의 노르디스카 박물관(Nordiska Museet)). 이
박물관들은 20세기의 도시와 산업의 현실에 근거하는 경제박
물관이란 명칭을 부여받기도 했다.

　민족학은 19세기말에 자율적인 사회과학으로 조직되었지만,
이 시기 이전에 발간된 많은 작품들은 민족 분류 자료나 방법
론적 성찰 또는 이론의 생성의 난에 분류되어 있었다. 마찬가지
로 오늘날에도 많은 텍스트들이 문학적 · 감상적 사건의 급변,
작품 주변의 증거나 순수하게 과학적인 기사를 구상하고 있어
서 **선험적으로** 우리들의 목록을 배제할 권리가 없을지도 모른
다.[4]

　10여 년 전부터 포스트모더니즘과 해체주의라는 프랑스 철
학자들(특히 바르트 · 데리다 · 리오타르)의 영향을 받은 미국 연
구가들의 충동하에, 인류학 텍스트의 비평과 재강독이 화제가
되었다. 민족학적 문체의 증거는 더 이상 통용되지 않았다. 물
론 식민지에 대한 선입견이 오래전부터 비난받아 왔고, 마찬가
지로 민족학자와 그 탐사지, '그 사람들,' 말하자면 그 대상 사
이에서의 심리분석적인 본질의 욕망과 전이가 명백하게 설명되
었다(미셸 레리스, 로제 바스티드를 참조할 것). 하지만 오늘날
비평의 평가는 내재적으로 모든 앙케트 관계의 사회적인 현실
과 동시에 어떠어떠한 인구에 결부된 민족학적 전통의 문화적

---

4) 미셸 투르니에(Michel Tournier)의 《금요일 또는 태평양의 끝》, 아서
업필드(Arthur Upfield)의 탐정 소설을 인용해 보자. 이들 소설에서 주인공
은 각각 오스트레일리아의 원주민(10/18)과 두 명의 미국의 인디언 나바
조의 탐정과 함께하는 토니 힐러만(Tony Hillerman)이다.

내용에 근거한다. 과학적 언어의 어휘는 타자의 의미를 변형시
키고, 마찬가지로 문자는 민족 분류 문화의 구두의 영향력과 존
재를 영원히 변형시킨다.

이것이 어째서 이 학문의 교과서적 유산이 그 어떤 다른 것
과 유사하지 않은지의 이유이다. 왜냐하면 교과서적 유산은 사
회학이나 모든 사회과학의 저서들의 예를 따라서 역사성과 주
어진 사회 상황을 책임지지만, 특히 구체적인 사교성(탐사지에
대한 앙케트의 긴밀한 관계)과 이론의 추상적인 개념의 측면에
서 부자연스런 방식으로 재해석된 문화적인 대화의 재발명을
표명하기 때문이다. 실제로 민족학 텍스트에서 누가 말하고 있
는가? 관찰자, 지역의 대화상대자, '이들이 묘사하는' 문화 또
는 좀더 범속하게 과학적, 이데올로기적, 물론 개인적인 환영,
이러한 문화의 한 가운데서 몇 달(또는 여러 해)을 살았던 민족
학자인가? 좀더 요약하자면 텍스트는 원천 · 증거 · 해석인 동
시에 통합 · 보급, 말하자면 퇴화이다. 오늘날 출발점으로 되돌
아왔다. 왜냐하면 많은 장소에서 민족학적 작품이 전통의 토착
전문가들에게 자원을 스스로 만들도록 하기 때문이다. 역설적
으로 현재 마감된 한 시대에 대한 증언은 현재의 연구자들에 의
해 연구된 전통의 재발명의 현상에 참여시킨다.

고정된 이미지에 이어서 움직이는 이미지는 민족학 코퍼스의
제3의 요소를 구성한다. 사진이나 영화가 발명되기 전에, 데생
과 회화가 여행의 오리지널 삽화에 따라 이국적인 환경, 색채
와 마찬가지로 이국적인 이타성에 대한 시각적인 표현을 얻게
해줬다. 이러한 이미지들은 오늘날 중요한 역사적 자료를(특히
미학적) 구성하지만 문자나 물품과 마찬가지로 의심스럽다. 왜
냐하면 이후에 등장한 영화 편집과 마찬가지로 시각적 해석이

선험적으로 아주 작은 민족학적 · 문화적 해석을 참조하기 때문이다. 실제로 오늘날 민족 영화는 자신의 방식대로 앙케트 원칙과 민족학적 설명을 재구성하기 위해 선정적인 것을 거부한다. 오늘날 이미지는 가깝거나 먼 세상에 대한 우리들의 인식을 사로잡지만 구경하기를 좋아하는 사람, 대르포나 현실의 환상을 추구하는 저널리즘의 함정에 빠지도록 방임하지 않기 위해 민족학적 이미지들을 바로 보고, 이용하고 생산해야 한다. 이미지에 대항하는 가장 좋은 해독제는 아마도 다른 이미지들, 단어가 아닌 우리가 생산의 조건 전체를 설명하게 될 이미지들이다.

2. 과학적인 목적

멀리 떨어져 있는 인구의 사회적 · 과학적 현실은 따라서 접촉, 빈번한 방문, 관찰에 따라 그만큼 역사적 · 이데올로기적 모습(원시, 사냥꾼-채집가, 농부 등등)을 변화시키며, 마침내 사회의 기능에 대한 설명을 제공하는 과학적 목적으로 바뀐다. 이것은 결혼 관계(겹사촌 사이에서 선호하는 결혼), 수단과 수단의 사용법(땅을 파는 지팡이와 이동 농사), 정치 형태(족장의 관할 구역과 신성한 왕권), 의식 체계(토템 신앙)일 수 있다. 경험적으로 체험한 일은 따라서 추상적인 형태를 취하며 형태의 정돈과 처분은 학문의 현실적 이미지를 데생한다. 이것이 어째서 민족학에서 내용과 형태를, 내용과 그릇을 분리하는 것이 불가능한지의 이유이다. 발견과 확인의 운동은 항상 시대의 지적 정신을 반영하며, 이것이 어째서 **전문적 저술**, 즉 모든 사회의 기초 특성에 대한 분류 목록의 일종인 이 민족학적 현실의 객관화의 특전을 받은 수단인지의 이유이다.

전문적 저술은 총체적이고 완전하기를 원한다. 전문적 저술은 실제로 일련의 부분집합(일반적으로 전체의 일부)의 거의 체계적인 나열을 제시하며, 그 위계 제도의 배열은 거의 불변이다. 자연적 · 지리적 환경은 주거 환경과 생활 양식(기술과 마찬가지로)을 선행한다; 사회 조직(특히 친족의 조직)은 정치적 경우에 따라서는 경제적 체계의 기초를 구성한다. 종교와 신앙(주술, 마법, 치료요법), 문화적 · 미학적 표현 형태들은 마지막으로 상층 구조를 형성한다. 이러한 여러 말로 된 역학 구조는 상대적으로 변화가 없다: 역사와 변화는 결국 보조 수단에 불과하다. 전문적 저술의 공리화는 마침내 이 전문적 저술에서 모든 비교 가능한 관심을 끌어내게 된다. 최선의 경우 연구가들은 전형으로서[5] 각 민족을 유달리 눈에 띄게 하는 전집과 테마집을 만들 수 있을 것이다. 선험적인 이러한 구분은 아주 분명하게 다른 사회 전체를 불쑥 튀어나오게 할 수 있고 사회를 요약할 수 있는 자기 민족 중심의 비전을 밝혀 줄 수도 있다.

하지만 제 사실의 축적은 서로 다른 설명이나 모순되기조차 한 설명에 아주 잘 만족할 수 있다. 요컨대 진화론 · 확산주의 · 기능주의 · 문화주의와 공산주의조차도 개개가 자신들의 전문적 저술을 인정한다. 아울러 전시가 수집의 방법과 마찬가지로

---

5) 아프리카 영역에서 래드클리프와 포르드(A. R. Radcliffe-Brown et D. Forde(éds))의 《아프리카의 가족과 결혼 체계 *Systèmes familiaux et matrimoniaux en Afrique*》(파리, 프랑스대학출판부, 1953)과 에번스-프리처드와 포르테스(E. E. Evans-Pritchard et M. Fortes(éds))의 《아프리카의 정치 체계 *Systèmes politiques africains*》(파리, 프랑스대학출판부, 1964)를 인용하기로 하자.

설명적 이론을 참조하는 것처럼, 일상적인 강독은 오늘날 여전히 이러한 문학 장르의 허울뿐인 효율성에 의해 함정에 빠진 것으로 남을 수 있다. 더욱이 여러 개의 하위 장르가 존재한다. 특히 이러한 발전적인 절차(탄생에서 죽음에까지)를 통해 활동──그런데 모든 개인(남성이나 여성)은 이 활동에 자연스럽게 열중한다──의 다양성을 복원하는 생의 세대별 모델(오히려 문화적이거나 민족적인)이 그 주민이 부족(또는 최근 25년 전부터는 민족이라는 칭호), 문화 또는 생산 양식이라 부르는 이름이 알려진 민족의 생존 기술을 전시하는 일반적인 모델에 덧붙여진다.

민족학의 전문적 저술은 가장 상세하며 더욱이 지루한 민족 분류의 묘사에 한 민족 전체(수천에서 수백만의 개인)에 아주 종종 인구학적으로 제한된 사회의 관찰로 확대되는 당연한 일반화를 겹치게 하는 역설적인 상황을 마침내 전개하게 된다. 설명적이면서 동시에 수사학적인 이러한 절차는 전통으로 만들려는 방식을 법전화하도록 허락한다. 지역적인 특수성(마을, 야영지, 유목민 무리), 특별한 하위 그룹의 특이 체질의 특성은 갑자기 문화적 동질성의 신호가 되었으며, 사회 형태의 커다란 목록에 분류된 부족의 이름이 되었다. 도곤족(Dogon) · 뉴어족(Nuer) · 야노마미족(Yanomani) · 이로쿠아족(Iroquois) · 파푸족(Papous) · 샨족(Shan) · 카친족(Kachin) · 트로비앙데족(Trobiandes)은 따라서 백인 민족학자의 방문을 통해 우연히 이루어진 다양한 인간 부족의 상징이 되었다. 오늘날 도곤족들은 관광객들에게 관광세를 징수하고 있으며, 뉴어족들은 남-수단의 전쟁으로 쇠약해지고 있고, 야노마미족들은 황금을 찾으려는 사람들의 희생물이 되고 말았다. 아울러 트로비앙데족들에 대해서 말하자면,

이들은 크리켓 경기에의 적응으로 유명해지지 않았던가! 하지만 민족학의 전문적 저술의 단골손님으로 이 부족들은 현재의 민족학적 분류——그런데 이 민족학적 분류는 이 부족들에게 실시했던 최초의 앙케트 시기인 1915, 1930, 1960년까지 거슬러 올라간다——의 영원성을 영원히 구현하고 있다.

따라서 중립적으로 학문의 목적을 제시하는 것은 불가능하다. 왜냐하면 최소한 과거의 작품에 관계해서는 정확하게 과학적 존재를 제공했던 형식적 껍질을 이들 작품에서 추출해야 하기 때문이다. 민족학의 목적은 미리 주어진 것이 아니다. 따를 수 있는 모든 토론을 열지 않고, 민족학적 대상의 역사적 특성과 동시에 경제 정세의 특징을 잘 이해해야 한다. 왜냐하면 역사적 특성은 관찰된 사회와 관찰의 사회가 세계의 시간 속에 있기 때문이다. 경제 정세의 특징은 왜냐하면 민족학과 '민족화된 것'의 만남이 그 어떤 경험으로 재생산될 수 없는 일시적, 불확실한 사회를 구상하기 때문이다. 이 경우 모든 목록은 자의적인 것이 되었고, 명료함의 모델을 포함한다——그런데 이 모델의 설명은 방법·이론·과학 정책이나 관찰자로서의 개인적이고 직업적인 능력에 있는 것이지 이미 존재하는 목적에 있는 것이 아니다.

표준이 되는 과학적 목적은 존재하지 않는다. 왜냐하면 무한하고 영원한 총계에서 문화, 독특한 성격에서 생의 역사나 변화의 참신한 상징 체계들은 단 하나의 그리고 동일한 현실의 대조되는 등급을 정의한다. 민족학자와 과학적 대상의 '프로듀서'나 '배우들' 사이에서의 사회적 상호 작용, 이러한 동일한 상호 작용의 맥락에 대한 중요한 교체는 제한된 문화적 상대주의(우리들(Nous), 타자(les Autres))뿐만 아니라, 일종의 사회적·

역사적 상대주의를 만들어 낸다. 예컨대 어떻게 미국의 인류학자인 채년의 야노마미 부족과 프랑스 민족학자인 리조가 행한 야노마미 부족을 비교할 수 있을까? 사회와 문화의 절대적인 민족학적 서열은 존재하지 않는다. 왜냐하면 현재의 이러한 서열을 따르는 민족학자(후대의 민족학자)에게는 과거가 될 다원적인 역사의 산물이기 때문이다. 앙케트의 목적과 마찬가지로 목적의 독창성이 민족학자들의 만남과 관계에서 시작되는 일시적인 특성을 은폐해서는 안 된다.

3. 앙케트

사회과학의 모든 연구자들과 마찬가지로 대부분의 민족학자에게 있어서(아울러 대부분의 대중에게 있어서), 민족학은 무엇보다도 연구된 사회에 대한 개인의 경험이다. 민족학은 사람들이 친근하게 말하는 것처럼 비록 이 말이 오늘날 가장 오염된 말에 속할지라도 '땅을 개척하는 것'이다. 땅이라고 말하는 사람은 민족과 동시에 민족학자를 환기하며, 마찬가지로 인류학자는 종종 '자신의' 땅, '자신의' 부족이란 말을 환기하면서 개인적 특성을 나타내는 표현에 도움을 청하기도 한다. 마르셀 그리올·브로니슬로 말리노프스키·에드워드 에번스-프리처드나 프란츠 보아스의 이름이 자발적으로 머리에 떠오르도록 하기 위해서는 도곤족·트로비앙데족·누어족이나 크와키우탈족(Kwakiutl)의 이름을 대는 것으로 족하다. 종종 민족학자가 이미 탐험한 땅에[6] 다시 오는 경우도 있지만 이런 경우는 상대적으로 드물다. 오늘날 최후의 경험, 어떤 점에서는 자아의 민족학이며, 마르크 오제는 이에 대한 몇 가지 예를 제시했다. 포스트모던주의자들은 텍스트와 상호 텍스트의 앙케트에 서로 만족한다. 요컨대 방법론적인 프로 정신이 탐험가들의 낭만주의를 계승했다. 하지만 민족학자와 인류학자에게 동기 부여를 하는 것은 바로 **이타성의 탐색과 동질 형태의 탐색**에 있다. 이 앙케트가 직접 행한 것이든 책에서 얻은 것이든 상관없이 탐사지는 변화하고 눈길은 현대화되거나 현실화되지만, 차이를 구성하는 것은 바로 앙케트이다.

인류학자의 직업이 특별한 대상의 이론적 연구로서뿐만 아니라 앙케트의 실천으로 정의되는 순간부터, 방법에 대한 관심(수집, 비교, 제사실의 증명)이 가장 중요한 것이 된다. 더욱이 앙케트와 방법 사이의 혼동으로 암암리에 발전하기도 한다. 연구자가 다른 연구자들에 의해 이루어진 간접적인 자료에서 작업하는 많은(일부) 다른 사회과학과는 달리, 인류학 연구의 목표에서(토지대장, 학교의 통계, 공증증서), 자료의 핵심은 연구자에 의해 구성되고 수집된다. 자체로 인류학의 기본 자료를 구성해야 하는 의무감은 정보의 정의와 검출의 절차에 인류학의 모든 중요성을 부여한다. 아울러 이러한 절차는 거의 독점적으로 출처의 구두에 의한 자료와 따라서 적당한 질문에 의해 선동된 필요성으로부터 온다는 사실을 덧붙여야 한다. 역할——최소한 시작에서——대화를 안내할 대화의 질문지의 역할이 나온다. 따라서 인류학이 토론의 기술에 전념하는 것이 바로 주관적인 호기에 의한 것이 아니라, 단지 지식의 가능성, 즉 정보와 검증

---

6) 자신의 땅에 대한 미국인 레드필드(R. Redfield)의 연구와 1950년대 멕시코의 테포즈틀란(Tepoztlan)을 탐험한 루이스(O. Lewis)의 연구를 보라.

의 축적이 바로 거기에서 시작하기 때문이다.

이론적이며 이데올로기적인 선입견이 여전히 더 자유롭게 작용할 수 있는 것이 또한 사실이다. 이러한 담화의 구술적 특성의 중요성은 인류학적 분석의 가운데서 역사적 관점의 부재에 의해 강화되었다. '원시' 사회는 '당시의 구전(언어)'을 통해서만 파악 가능하다. 현재에서 과거에 허락된 관심은 크며 인류학자는 구두적인 자료와 문어 자료(만약 존재한다면)의 이용을 조화시키려고 노력한다. 예컨대 고문서나 여행 관계 등.

관습적으로 앙케트는 멀리 떨어져 있고 예사롭지 않은 사람이 살고 있는(사회적 · 심리적) 장소에서 전개된다. 이러한 증거의 사실은 하나의 덕목——특히 방법론적으로——이 될 것이다. 왜냐하면 정신과 주의력이 끊임없이 느껴지고 깨어 있기 때문이다(사람들은 마찬가지로 비평적 관점에서 정반대로 상상할 수 있다). **연구의 목적, 차이는 연구 목적의 최초의 수단이 되는 것으로 확대된다.** 이러한 탐색의 목적과 주제 사이의 혼동은 따라서 차이의 역할을 담당하는 방법으로 귀착한다. 이러한 차이는 완전히 조작되기 위해서는 최대가 될 수 있을 것이다. 이것이 어째서 필경 서양 사회와 가장 다른 민족들이 그토록 오랫동안 연구자들의 관심을 끌어왔는지의 이유이다. 이와 같은 이국 취향의 치료법은 오늘날 그 한계가 인정되었지만, 영감이 결핍된 철학적 담화는 이러한 치료법에서 새로운 성찰의 소스를 끌어올 수 있다.

아주 현실성이 없는 사실의 차이 중의 하나는 사회 규모의 차이이다. 첫번째 접촉의 눈길에서 다소간 자율적인 작은 규모의 공동체의 존재는 연구자의 육체적 정착을 허용하고 용이하게 한다. 연구자는 마침내 정착하고 '자신의' 대상, '자신의' 주민의 사이에서(함께) 생활하기에 이른다. 연구자는 자신이 현장에 계속하여 있기 때문에 많은 것을 배울 뿐만 아니라, 자신을 에워싸고 있는 사회 경험의 내부에 무의식적으로 참여할 수 있을 것이다. 따라서 차이에 대한 자신의 이해가 점점 더 정확해질 것이다. 왜냐하면 연구자는 마침내 생활 그 자체가 될 것이기 때문이다. 여기에서 인류학의 인식 자체에 대한 탐사지의 앙케트 결과는 결정적인 것으로 보인다. 참여하는 관찰로의 이러한 이행은 또 다른 사회로 가는 서양 지성인의 변신 사이클을 완성한다. 영속적인 관찰은 일상생활에 대한 앙케트를 확인시켜 준다. 즉 사회의 구속 자체에 대한 자신의 앙케트에 복종하면서, 인류학자는 순수하게 지성적인 것을 파괴하고 사회적 제약이 앙케트에 대한 자신의 시선의 통찰력에 복종하고 있다고 생각한다. 마침내 '자기' 대상에 대한 인류학자의 동질화, 왜냐하면 자신이 대상과 함께 살고 있기 때문에, 인류학자를 대상이 표현이 풍부한 소우주로 생각하게끔 유도한다.

4. 인간-오케스트라: 인류학자

인류학자는 인간-오케스트라이며, 자신이 땅 위에 있는 유일한 사람이기 때문에 모든 것을 해야 한다. 이러한 고독은 사실의 상태이자 하나의 선택이다. 땅에 대한 최초의 위대한 앙케트는 진정한 탐험이었다——말하자면 수집 탐험이었다. 하지만 연구해야 할 민족의 다양성과 고독한 인류학자적인 명상가라는 대학의 전통은 아주 빨리 땅의 분산에 이르렀다. 이러한 역사적 상황은 방법론적인 선택으로 간주될 것이다. 거리를 두

고 멀리 떨어짐(소외 효과), 즉 참여하는 관찰은 만약 인류학자
가 혼자일 경우에만 가능할 것이다. 두 사람 또는 여러 사람과
함께할 경우 비교 기한이 이미 모호하며, 다른 사회의 내부적
경험은 방해를 받는다. 따라서 인류학자는 고독한 사람이며, 고
독한 사람으로 남기를 원한다. 우리는 백인 인류학자가 이러한
고독 속에서 지배적인 '원시 부족'에 (무기도 없이) 백인의 우월
성을 표현하면서 힘을 얻는다는 사실을 알고 있다. 가까이에서
조사를 하는 이러한 식민지적인 암시의 의미는 이러한 고독의
신비스런 모습을 드러낸다. 말하자면 인류학자는 종종 원주민
이나 열등한 공부하지 않은 개인을 이용하기도 한다. 가사를
돌보거나 섹스 상대의 하인들인 개인은 탐사에 참여하는 관찰
이나 가이드·포터(오늘날에는 운전기사들)·통역인·앙케트
조사자들·가정부·수위·정부 등과 같은 사람의 고용을 통해
일어날 수 있다는 사실을 보여준다. 탐사 영역과의 관계는 따라
서 종종 보수를 지급받는 자율적인 개인으로 결합되어지기도
한다.

　정보의 이중의 특수성, 즉 구두와 언어는 인류학자들을 언어
적 사실에 어느 정도 큰 관심을 바칠 수 있도록 허락한다. 이
러한 관심은 국가의 전통에 따라 여러 가지 방식으로 표시될
수 있다. 따라서 미국에서 있는 그대로의 언어는 인류학자의
정보의 일부가 되었다. 영국에서는 탐사 영역에 대한 언어의 습
득은 실제적인 의무사항이 되었다. 더욱 지적인 프랑스 사람들
에 대해 말하자면, 언어의 빛(은혜)이 표현되는 것은 주제에 따
른 관심과 이론 생성의 수준에서이다.

　하지만 이러한 공리화에 이르기 전에, 탐사지에 대한 앙케트
는 알려진 사회적 존재를 갖고 있든지 갖고 있지 않든지 '구두

자료'의 수집에 속한다. 전통·의식·정치 담화(연설)·대화와 같은 모든 문화 형태는 언어의 표명으로 통한다. 따라서 이러한 자료의 정확한 기록과 해석은 탐사 영역의 앙케트에서 많은 자리와 시간을 차지한다. 물론 모든 장르에서의 대화(유지·보존)가 연구자 본토 사회에서 만들어진 대화와 전혀 다른 것은 아니지만, 사회학적인 압박감이 더 커질 위험이 존재한다——왜냐하면——제스처로서——이것은 커뮤니케이션의 선택받은 미디어이기 때문이다. 따라서 우리는 아무렇게나 채집되고(구속이나 협박하에서), 개략적으로 해석된 자료들이 암시하는 모든 참담한 결과를 보아 왔다. 더욱이 오럴(구두)의 중요성은 자원의 사회학적 비평을 제한하고, 정보를 정보 제공자의 사회적 기원과는 별개인 효과를 갖게 된다. 이러한 분명한 이유로 해서 인류학자는 특히 사람들, 노인들과 유명인사들과 협력해 왔다. 이들의 장점에도 불구하고 탐사 영역의 앙케트는 종종 여자들, 젊은이들과 미천하고 소외된 그룹의 파롤의 복원에 대해서는 침묵을 지키고 있다.

탐사 영역에 대한 앙케트가 특히 인류학의 상징으로 머물고 있음에 따라서 앙케트, 탐사지, 이데올로기적 통합에 참여하는 관찰의 다양한 의미를 숭고하게 하는 경향이 아주 강하게 남게 된다. 이러한 것은 분명 이러한 형태의 앙케트의 가능성을 탄생시켰던 (식민지적) 역사적 이유에 침묵하게끔 한다. 이것은 또한 접촉과 앙케트 전략의 일상적인 문제들을 심리적(후엔 문학적) 수훈으로 변형시키게 한다. 마지막으로 이러한 태도는 주민들이 앙케트에 대한 권리에 기초할 수 있을 질문들을 과소평가한다.

앙케트의 구체적이고 심리적이며 지적인 조건을 개척하고 그 탐사지를 보고하는 여러 방법이 존재한다. 말리노프스키는 1922년부터 《서태평양의 모험가들》이라는 유명한 입문서로 모범을 보였다. 하지만 최근의 비평 연구는 이 유명한 텍스트의 문학적이며, 조작적인 특성을 제시할 수 있었다.[7] 25년 전부터 민족학자의 분석적 정신이 점점 더 그 자체에 적용된다. 〈슬픈 열대〉나 〈애매한 아프리카〉와 같은 일부 문학적인 추억이 지식의 사회학적·인류학적 기도와 앙케트의 적용으로 대체되었다.[8] 이러한 다시 읽기는 점진적으로 민족학이 문자의 장르가 아닌, 즉 '종이 위에 사물을 기입하는' 사실인 포스트모던이라 불리는 관점으로 귀착된다(거츠, 1986). 텍스트는 정보 제공자의 목소리를 변형시키거나 아울러 제거하는 연구자의 권위를 확인시켜 주는 장소가 된다. 하지만 앙케트는 전방위에서 텍스트를 뛰어넘는다. 인류학에서 데이터 생산의 절차에 대한 세심한 조사를 한 후에, 올리비에 드 사르당은 탐사지에 대한 정책의 필요성이라는 결론에 이른다.(1995b)

---

7) 스토킹(G. W. Stocking Jr)의 〈민족학자의 마법-타일러에서 말리노프스키에 이르는 영국 민족학의 작업 The Ethnographer's Magic-Fieldwork in British anthropology from Tylor to Malinowski〉, in G. W. Stocking Jr, 《관찰자가 관찰한 것. 민족학 개론. 인류학의 역사 Observers Observed, Essays on ethnographic fieldwork, History of anthropology》, 1권, 위스콘신대학출판부, 1983, p.70-120.

8) 레비스트로스(Cl. Lévi-Strauss)(파리, 플롱 출판사, 1955)와 블랑디에(G. Blandier)(파리, 플롱 출판사, 1957). 코팡(J. Copans)에 의해 분석된 연구인 〈인류학자라는 직업 Le métier d'anthropologue〉, in 《인류학 비평과 정치 Critiques et politiques de l'anthropologie》, 파리, 마에스페로 출판사, 1974, pp.46-73.

5. 사상과 이론

　민족학자가 활동한 제1기 동안에 민족학자는 탐사지의 공적을 통해 영웅들이며, 동시에 이론적인 사상의 독창성을 통해 발명가들이었던 자신들의 선각자들에 대한 찬양을 조심스럽게 계속해 왔다. 과학과 사회과학의 역사는 종종 개념의 발명, 노후에 저항하는 개념적인 표현들, 재검토가 이어지거나 중복되는 초상화가 걸린 갤러리의 태도를 견지해 왔다. 민족학의 분명한 자율성, 연구의 극단적인 개성화는 마침내 오리엔테이션이나 이론적인 학파를 그 학파의 창시자나 자칭 창시자와 유사하게 되는 강한 이론적 상징화를 전개하도록 했다. 진화론은 바로 모건(과 그 결과를 통해 엥겔스)이며, 문화주의는 A. 크로버이다. 또한 기능주의는 바로 말리노프스키와 래드클리프-브라운이며, 구조주의는 바로 레비스트로스이다. 그리고 마르크스주의는 메이야수와 고들리에이다. 해석적인 상징주의는 바로 거츠이다. 국가의 과학 전통의 상호 무지는 따라서 에피날(Epinal) 판화로 바뀐 국제적 합의로 교사되었다. 예컨대 미국 사람들은 문화주의자가 될 것이고, 영국 사람들은 기능주의자, 프랑스 사람들은 구조주의-공산주의자가 될 것이다.

　만약 공식적인 역사가 사상 게임으로 요약되는 것처럼 보인다면, 민족학 분류가 공식적인 역사에서 기초가 되는 전문적 저술을 한번 읽는 것보다 덜 형식적인 것과 마찬가지로, 이 공식적인 역사의 적용이란 현실은 아주 더욱 복잡해질 것이다. 인류학(종종 사회학에서처럼)에는 모든 이론과 모든 시대와 동질인 일종의 민족분류학적 기록인 상식의 이론과 그 명성과 영향력이 본래의 경험과 아무런 관계가 없고 떠들썩한 시대적 혁신에 복종하는 대문자로 된 이론 사이에 대문자로 된 이론(Théorie)이 존재한다. 이것이 어째서 역사적 역동성과 변화의 참조에 가장 민감한 이론을 포함하여 모든 민족학과 인류학 이론들이 유명한 '민족분류학적 현재,' 즉 전통과 자원의 무비평의 취급으로 살아남은 이데올로기 효과에 아주 잘 만족하는지의 이유이다.

　만약 민족학과 인류학을 개념적 프로젝트로 정의하는 것이 필요하다면, 이러한 학문들의 정신 상태를 가장 잘 요약하게 될 **총체성**의 개념이 될 것이다. 특별한 대상(혈족 관계, 자연 환경과의 관계 등) 너머로 주의를 집중시키는 것은 바로 시니피앙의 총체성이다. 즉 **문화 · 사회 · 의식 · 제도**. 프랑스 민족학 이론의 창시자 중의 한 사람인 마르셀 모스는 다소간 과장된 외부의 시선을 통해 인식하고 분석 가능한 표현이면서 동시에 반향인 현상을 지칭하기 위해 '총체적 사회 현상'이란 표현을 만들었다.[9] 인류학적 목적의 상세함과 규모의 정도가 무엇이든지간에, 설명 가능한 총체성의 염려는 현존한다. 물론 비교가 학문의 동력을 구성하지만 이러한 비교가 의미를 갖기 위해서는 항상 더욱 광범위한 측정의 총체에 관련되어야 한다. 사회와 문화사이의 관계, 인종적 · 육체적 측정(19세기), 이어서 문화적 측정, 마지막으로 사회적 · 정치적 또는 무의식의 영역, 게다가 생

---

9) 모스(Mauss)의 《사회학과 인류학》에 소개된 〈고대 사회에서 물물교환의 선물, 형태, 이성에 관한 시론 Essai sur le don, forme et raison de l'échange dans les société archaïques〉(파리, 프랑스대학출판부, 1950, pp.145-279)을 참조할 것. 또한 레비스트로스의 서문(pp.IX-LII)을 읽을 것. 아울러 카센티(B. Karsenti)의 《마르셀 모스. 총체적 사회 현상 *Marcel Mauss, le fait social total*》(파리, 프랑스대학출판부, 1994)을 읽을 것.

산의 영역에 의존하는 측정은 결코 잊혀져서는 안 된다. 이것이 어째서 전문적인 전공 저술 그 자체가 전모를 보여주고 완전한 목록의 사상의 경향을 띠고 있는지의 이유이다. 즉 전문적인 전공 저술은 어떤 문제를 모든 각도에서 검토해야 한다. 민족학이나 인류학 용어의 상이한 사용은 이러한 방식으로 보는 법을 의미한다. 이론의 가장 널리 보급된 영역에 할당된 학문에의 참조라는 제2의 양식을 프랑스에서 널리 보급한 사람은 바로 클로드 레비스트로스이다. **작은 규모의 완전한 사회**로부터 민족학적 목적의 구조주의 역사는 이러한 이론적 환상을 설정한다. 설명 가능한 위대한 이야기에 대한 최근의 재검토는 민족학 세계의 분열과 동시에 점점 더 제한된 분석의 선택에서 기인한다. 전공 저술에 대한 재검토, 잡동사니 개념의 비평(문화, 생산 양식이나 상징), 탐사지의 다양성과 우리들 자신의 사회 한가운데 포함되어 있는 새로운 대상의 발명은 점점 더 총체성의 용어로 설명 가능한 관점의 민족학을 객관화한다. 그렇지만 문화의 개념(문화주의자로 당연시되지 않는 정의와 무관한!)은 프랑스에서처럼 이와 같이 보는 방식과 아주 거리가 먼 모든 민족학적 접근을 포함하여 모든 민족학적 접근을 스며들게 한다.

민족학 사상사는 또 다른 독특함, 즉 분쟁과 논쟁을 일으키는 역사이다. 모든 규모의 작품은 이전 또한 경쟁하는 패러다임의 설명 부분에 대한 해설을 포함하고 있다. 문화·구조·의식에 대한 개념과 좀더 제한된 수준에서 결혼·카스트·생산양식의 개념들은 종종 방법론적이고 설명적인 중요성을 혼란스럽게 하는 논쟁을 주고받게 한다. 국수주의, 게다가 맹목적 애국주의적인 초월적 해석은 소위 과학적 객관성을 낮게 평가할 수조차 있다. 하지만 이론적 전통에 대한 재강독은 한계를 갖는다. 왜냐하면 학문이 실험적이지 못하기 때문이다: 개념적 사변은 따라서 근거 없고 거의 철학적인 것이 되어 버린다. 이것이 최근 10년의 포스트모던적인 경향의 가장 명백한 특징이다.

텍스트의 의미를 명확하게 한다는 것은 민족학적 설명이 기능한 장소를 한정하게 해주는 제1의 중요한 방법론적 작업이다. 정보 제공자들이 말하는 것(아울러 이 담화의 이유와 상황), 민족학자가 문자적 의미에서 이해하는 것, 민족학자가 문자에서 취하는 것, 민족학자가 과학적 언어 활동에서 마침내 번역하는 것 사이에서 구별해야만 한다. 민족학자는 '관찰자'이면서 동시에 번역가, 해설가 및 설명을 만들어 내는 사람이다. 이 단어의 의미를 정확하게 하기를 원한 나머지, 포스트모던적인 인류학자들은 사회적 현실 그 자체를 망각한다. 그런데 이 사회적 현실 자체는 존재하기 위해 민족학자의 단어들을 필요로 하지 않는다.

위대한 이야기의 종말은 일부 개인들이 땅의 표현과 사상의 발전을 박자를 맞춰 읽는 것으로 충분한 것처럼 보이듯이 이론적 성찰의 종말이 아니다. 실제로 변하는 것은 바로 개념의 규모와 장르이다. 총괄적이며 결정론적인 위대한 개념들은(부족이나 인종 · 친족 관계 · 노예 · 공동체) 관계, 망, 더욱 유려하고 잠정적인 묘사의 형태나 외형에 자리를 제공하기 위해 사라졌다. 발전, 사건과 변화의 흔적으로서 역사는 현재의 민족학적 관심 및 이론적으로 다른 사회와 문화를 이해하는 데 있어 중요한 위치를 차지한다. 우리들의 사회가 타자의 눈에 **다르다**라는 사실을 인정하는 것은 비교 연구를 확장시켰고 이론적 접근을 쇄신했다. 왜냐하면 민족학은 동일한 현실 위에서 사회학을 직접 만나기 때문이다. 오늘날 지역과 세계를 연결하는 커다란 인

류학적 차이의 이미지는(동질성의 독특성에서 상호 협력의 세계
로의) 단지 계획과 방법의 변형이 아니다. 아울러 이것은 또한
설명방식의 심오한 변화이다. 겨우 시작된 변화, 하지만 이 변
화에서 민족학은 잃어버린 시간을 되찾아야 한다.[10]

6. 주제의 전문화와 국가적 전통

민족학은 아주 특별한 방식으로 보는 것에 전념한다. 모든 사
회과학과 마찬가지로 민족학은 주제별로, 하위 학문과 문화영
역으로 세분할 수 있다. 실제로 역사는 아주 단순하게 이미 존
재하는 전문화와 종종 서로 겹치는 새로운 전문화를 만들었다.
따라서 모건과 다른 사람들에 의해 19세기부터 만들어진 친족
의 민족학은 인류학적 차이의 상징적인 핵으로 남아 있다. 반면
에 정치인류학은 1940년에 시작되었고, 전통에 따른 경제인류
학이 비록 이 용어가 1927년에 사용되었을지라도 1950년대에
공식적으로 탄생했다.[11] 이러한 점진적인 전문화는 항상 결정
적인 것으로 머무는 학문의 총체적 관점을 방향 설정하는 방식
에 불과하다. 하지만 시간과 더불어 주제의 전문화가 다시 설
정되었고, 전문화의 적용의 장을 편협하게 하거나 사회적 문화

---

10) 예컨대 파노프(**M. Panoff**)의 《민족학. 제2의 숨결 *Ethnologie, le
deuxième souffle*》(파리, 파이요 출판사, 1977)과 폭스(**R. Fox**)(1991), 오제
(**M. Augé**)(1994b)를 읽을 것.
11) 헤르스코비츠(**M. Herskovits**)에 따른 《경제인류학 *Economic
Anthropology*》(뉴욕, 크노프 출판사, 1952). 전체적인 개괄에 관해서는 고들
리에(**M. Godelier**)(1966)를 참조할 것.

적 방식에 부응하는 것처럼 보였다. 따라서 교육, 동성애 또는
여성의 노동의 인류학은 1990년 이후 (미국의) 잡지《인류학 연
간 회고록》에 의해 제안된 어떤 새로움이었다.

전문화의 부차적인 형태는 **다학문의 연결**에서 만들어 진다.
즉 민족음악학 또는 민족식물학은 수학인류학이나 민족언어학
과 마찬가지로 아주 당연한 것처럼 보인다. 인류학의 네 가지
기본 학문의 미국적인 관점에서 민족학(또는 여전히 사회 · 문화
적 인류학)을 보충하는 것은 바로 **고고학**(선사 · 역사), **물리인류
학**(오늘날 생물학)과 **언어학**이다.

하지만 이러한 모든 전문화, 이러한 모든 재그룹화가 **문화적
또는 지리적 영역**으로 통칭되는 광범위한 총체의 가운데에서
다시 만들어진다. 아메리카, 검은 아프리카, 오세아니아, 아랍,
근동, 인도의 아대륙, 동남아, 태평양 또는 유럽은 종종 아주
자율적으로 사람들이 이 지역에서 부딪치는 사회의 본질만큼
이나 변화와 관련이 있을 수 있는 고유한 문제와 주제를 정의
한다. 그런데 이것들은 반세기 전부터 연구의 대상이었다. 이
러한 문화 영역은 이러한 문화 영역이 순수하게 말해 문화 질
서라기보다 오히려 역사적 · 정치적 질서에 속하는 일종의 동질
성을 제시함에 따라서 비교를 용이하게 한다.

마침내 결정론의 마지막 장은 무엇보다도 특별한 민족학만큼
이나 민족학을 구성하는 **국가적 전통**의 수준에서 표명된다. 생
성, 연보, 민족학의 실제 프로그램은 유럽 국가들과 아메리카
대륙의 미국 사이에서 의미적인 방식으로 변하는 정치 · 지적 ·
제도 · 과학적 요인들에 의존한다.[12] 이어서 20세기 후반세기에
개발도상국의 영역에 있던 많은 나라들이 민족학 연구의 새로
운 파트너가 되었으며, 이것은 외국의 민족학자에게 새로운 땅

또한 큰 관심의 대상이었다. 브라질·인도·멕시코는 비록 프랑스·미국·영국의 인류학이 이들 나라의 민족학의 성숙에 큰 공헌을 했을지라도, 독창적인 토착 연구를 불러일으켰다. 사회과학에서의 전통의 특수성, 식민지제국의 존재(1880-1960년대의 민족학자들에 의해 발견된 모든 땅들), 일부 스타급 사상가들의 역할(50년 전부터 클로드 레비스트로스의 영향이 없었다면 프랑스 민족학은 어떻게 되었을까?)은 세계적이고 보편적인 인류학의 생성을 아주 복잡하게 만들었다. 이러한 다양성은 대조가 경쟁으로 변하지 않고 관점과 목적을 배가시킨다. 왜냐하면 그 기원부터(전세계의 수많은 보고서가 이를 증명하듯이, 사람들이 마르셀 모스가 다른 민족학에 대해 행했던 훌륭한 지식에 대해 생각하고 있는), 민족학적 방식은 원칙적으로 세계적이며 국제적이다. 따라서 사람들은 1945년 이후 자신들의 선별적인 방식으로 한편으론 레비스트로스 다른 한편으론 발랑디에가 프랑스 민족학에 영국 사회와 미국문화의 인류학의 유산을 조금씩 불어넣었다고 생각할 수 있다. 이러한 영향은 그 상호성이 1970년대 동안 프랑스 인류학적 마르크스주의의 앵글로-색슨적인 성공을 통해 측정될 수 있는 선별과 차이를 동시에 표현한다(비록 영어로 아주 불완전하게 번역되었을지라도).

학문의 마지막 이미지는 개개의 움직임이 신기한 이미지를 만들어 내는 만화경과 아주 흡사하다. 국가적 전통은 분명 가장 거북스런 필터에 속한다. 즉 우리는 프랑스에서 러시아의 민족학,[13] 일본 민족학이나 미국 민족학[14]에 대해 무엇을 알고 있는

───────────────

12) 미국과 프랑스의 전통에 의해 이중으로 영향을 받은 퀘벡 주의 인류학의 아주 독창적인 예를 상기할 것.

가? 이러한 상대적인 무지는 공유되었다. 따라서 이러한 무지
는 민족학을 제2등급의 연구 영역으로 변형시켰다. 왜냐하면
자신의 특수한 동질성을 잘 이해하기 위해서는 다른 민족학과
의 차이의 이유를 파악하려고 노력해야 하기 때문이다. 이러한
과학적 소외 영역과 방법의 수준에서 현대적 상황의 급변이 아
마도 어느 날 이론적 측면에서 근본적으로 새로운 민족학을 만
들 수 있다는 사실을 설명한다.

13) 블라디미르 베레로비치(Wladimir Berelowitch)의 〈러시아 인류학에
관한 시선 Regards sur l'anthropologie soviétique〉, 《러시아 세계 노트
Cahiers du monde russe et soviétique》, 제31권 2-5호, 1990을 볼 것.
14) 미국의 전문 인류학의 창시자이며 프랑스에는 마거릿 미드(Magaret
Mead)의 스승으로 알려진 프란츠 보아스(Frantz Boas)의 그 어떤 텍스트도
프랑스어로 번역되어 있지 않은가!

2

기원의 문제와
인류학 영역의 구조

민족학과 인류학은 서양 세계의 정치적 · 지적 경험에서 만들어진 과학적인 학문들이다. 타자는 모든 대담의 공통된 장소이다. 예컨대 다른 문화와 처신하는 데 낯선 방식에 대한 호기심은 아득한 옛날이고 세계적이다. 하지만 20세기의 땅의 민족학은 수많은 '국가적' · 이론적 · 방법론적 다양성에도 불구하고 특수한 역사 운동, 즉 4세기에 걸쳐 펼쳐진, 즉 르네상스에서부터 전문적인 사회과학의 발명에까지 펼쳐진 서양의 현대성의 운동에 등록되어 남아 있다. 우리들의 기준은 담화 존재의 기준이 아니며, 묘사 방식과 이타성의 분류 존재의 기준조차도 아니다. 예컨대 헤로도토스의 그리스로 시작되는(바로 이 사람에게 있어 타자들은 야만인들이다) 모든 문명, 문화는 동질화와 차별화의 그러한 유기체의 결과를 만들어 낸다.

더욱이 민족학의 과학적인 특성은 토론되어질 수 있다. 즉 19세기의 순진무구한 진화론, 창설자의 방법론적 관심의 부재,[15] 학문 전통의 규칙을 벗어난 특성은 성숙과 발전에서 과학적이 아닌 이데올로기적 요인들을 압도하는 역할을 확인한다. 데이터의 자동 생산에 관한 최소한의 교감이 형성되고, 비교주의의 표준화가 외견상 비정상적인 사실들의 이해하기 쉬운 모델을

구성하고(서양의 사회적 · 정신적 습관의 시선에서), 타자의 객관
화의 구조가 재생 가능하고 제도화할 수 있는 순간에서부터 민
족학적 시선은 여행의 모험과 일시적인 관찰자의 다소간 비평
적인 객관화의 모험에 점점 덜 신세를 진다. 하지만 특히 민족
학에게 스스로를 구성하게 하는 민족학의 형성과 민족의 운명
을 분리하는 것은 불가능하다. 은유적인 의미에서조차도 민족
학은 노예의 매매로부터 식민지 정복에 이르기까지, 문자화된
문명의 강요에서부터 순수하고 단순한 민족의 말살(문화적 파
괴)에 이르기까지 서양문화의 지배와 그 어떤 연관이 있다. 그
렇지만 이러한 요인들의 총체는 지배, 이타성에 대해 질문하
고, 소위 문명화시키는 역동성을 비평하고 통용되는 선입관과
다른 묘사법을 제안하는 처음에는 철학적 성찰을 이어서 역사-
사회적 성찰을 만들어 냈다.

  알려진 사회와 문화의 상대적인 구조와 장소에 대한 이러한
인식의 노력은 영원하다. 잘못은 이러한 노력에 회고적으로 독
창적인 원천을 할당하는 일일 것이다. 즉 거대한 권위에도 불
구하고, 반체제주의의 철학자들과 함께 우리들의 광명의 세기[16]
는 이러한 전통의 가능한 자원 중의 하나에 불과하다. 인류학은

---

  15) 모스(M. Mauss)는 후에 사람들이 그에 관한 《민족학 개요 *Manuel
d'Ethnographie*》(파리, 파이요 출판사, 1947)를 출간했음에도 불구하고, 결
코 땅을 개척하지 않았다. 예컨대 마거릿 미드(Maragret Mead)에 대해 말
하자면, 그해 초기에 행한 사모아족(Samoa)에 대한 연구는 디렉 프리만
(Derek Freeman)의 《마거릿 미드와 사모아부족. 인류학적 신비의 제조와
파괴 *Margaret Mead and Samoa, The Making and Unmaking of an
Anthropological Myth*》(하모스워스, 펠리칸 출판사, 1984)의 비평 대상이 되
었다.
  16) 광명의 세기(Siècle des Lumières)는 18세기 프랑스의 계몽주의를 일
컫는다. 〔역주〕

끊임없이 장 자크 루소 이래 의식의 시험을 다시하고 있다. 인간 기원의 신비는 인류학에 영향력을 행사하고, 인류학 기원의 신비는 인류학에 신비화의 형태를 만들 정도로 이러한 신비를 배가시킨다. 이것이 어째서 연구자들의 각 세대가 자신의 계보를 재구성하고, 이론적으로 논쟁이 가능한 자신들의 목적을 재정의하고, 인류학이 항상 방향을 갖고 있는지를 자문하는지의 이유인 것이다.

이러한 두 학문의 유산에서 서로를 인정하기 위해, 역사적·지리학적 우회적 방법이 강요된다. 인류학의 생성에서 서로 다른 요인들의 위치를 평가하게 해주는 실험중에 있거나 미래의 강의에서의 프로그램을 위한 어제의 광고성 이미지(대중화된 작품의 이미지, 텔레비전 방송의 이미지, 1학년 교과목의 이미지!)를 취하지 않게 해주는 우회적 방법. 민족학은 자신의 역사를 만들어야 한다(바로 이것이 지난 15년 전부터의 경향이다[17]). 왜냐하면 연구자만이 내부에서 학문의 전통이 속해 있는 것, 땅의 사회문화적 상황이 속해 있는 것과 직업의 개인적·단체적 해석이 속해 있는 것을 밝혀 줄 수 있기 때문이다. 역설적으로 민족학은 보수적이며 전통주의적인 학문의 인상을 제공하는 반면 민족학의 관점의 지나친 다양성과 변화의 속도는 만장일치로 인정된 계획과 전통의 정의를 아주 어렵게 만든다.

---

17) 미국에서 간행된 스토킹(G. Stocking)의 출판물과 프랑스에서 간행된 자맹(J. Jamin)의 출판물을 참조 요망. 또한 《그라디바 *Gradhiva*》란 잡지를 참조 요망.

1. 서양적 시선의 단계

1.1. 신학과 철학

학문의 탄생과 발전의 연표 설정은 큰 의미를 갖지 않는다. 왜냐하면 현상은 복수적이며 일련의 특별한 역사와 분명한 목적을 참조하기 때문이다. 프랑스에서 인간탐구협회(Société des observateurs de l'Homme)에 의해 조직된 보댕의 탐험은 '오스트레일리아의 땅'(1800-4)에 갔지만 이 협회의 성찰은 19세기 동안 그 어떤 후속 탐험을 갖지 못하였다. 반면 미국 대통령 토머스 제퍼슨[18]의 1803년 '민족학적' 지시는 1세기 이상 동안 변하지 않을 인디언들을 향한 미국의 열광이었다. 따라서 비교 주의적이며 장기적인 관점에서 현상들을 검토해야 한다.

물론 대부분의 전통은 프랑스 철학자들, 여행객들의 비평적 독자들과 문화적 자기 민족 중심주의의 비평적 독자의 창시자의 역할을 했던(몽테스키외 · 볼테르 · 디드로 · 루소) 18세기로 거슬러 올라간다. 여러 개의 해석이 가능하다. 하나는 시대를 한층 더 거슬러 올라가는 데 있으며, 신의 왕국의 통일의 재검토, 문화적 상대주의의 중시와 이데올로기적 단절의 전제를 동일시하는 데 있다.

하지만 여전히 그러한 관점은 우리들을 우리들의 출발점에

---

18) 1803년 6월 20일. 루이스(M. Lewis)의 책에서 발표된 클라크(W. Clark)의 《대회귀 *Le Grand Retour*》(파리, 페뷔스 출판사, 1993, pp.415-422)를 참조 요망.

서 멀어지게 할 것이다. 즉 자신의 데이터를 만드는 사람인 민족학자는 자신이 이용하는 일부의 사상들이 이미 어느 정도의 옛것(경우에 따라서는 반세기)을 제시한다고 할지라도, 19세기 말까지만 한정하여 나타날 것이다. 이 시대를 이러한 구별의 자율성을 인정하면서 성숙의 시대, 즉 '선사시대'라고 명명하는 것이 허가되었다.

서양적 시선의 휴머니스트적인 보편성은 완전히 다음과 같은 주의에 빠지기 쉽다. 즉 선량한 미개인(Bon Sauvage),[19] 왜냐하면 신비는 야만(Barbare)과 다루기 힘든 원주민을 마침내 감출 수 없기 때문이다. 현대성은 모순되는 역동성이며, 18-19세기 사회철학자들의 잠재적인 진화론은 공권력을 동원하는 것을 포함하여, 항상 타자의 인정과 타자를 문명화시키는 필요성을 연결한다. 중세의 신의 시선으로 통일한 민중은 위대한 발견의 이원론적 애매성에 자리를 양보했다(기독교도가 아닌 사람도 인간이었을까?). 철학자와 철학자의 미개인에 대한 변증론은 문명의 **자연적** 등급 매기기에 이른다. 따라서 20세기 민족학의 목적 자체를 구성하게 될 문화적·사회적 상대주의로의 길을 트게 되었다. 타자는 비록 그러한 명상이 세계적인 정치 경제의 혹독한 법칙을 만난다고 할지라도(노예 매매나 그후의 강제 동원된 노동력처럼) 지성적으로 우리들 없이도 존재한다. 여행 이야기의 궁극적인 목적은 18세기의 위대한 자연주의자들의 탐험이 과학적 호기심이 자의적으로 조직되고 지도되어질 수 있다는 사실을 입증할 때까지 민족학적 분류가 아니었다. 실제로

---

19) 16세기 프랑스의 철학자 몽테뉴에서 디드로에 이르기까지의 미개인 예찬 사상.〔역주〕

민족학의 첫번째 모델은 '지성적인' 여행객들에 의해서가 아니라 오히려 자원을 편집하고, 종합하고 비평하는 사무실의 학자들로부터 만들어졌다. 민족학자는 무엇보다도 박학다식한 사람이지 탐험가가 아닐 것이다. 이것은 기원의 계보가 다른 장르의 생에 대해 있음직한 합리성을 밝히려고 노력하면서 자신들의 선입견을 재검토하는 지적인 용기를 갖고 있는 일부 중요한 핵심 인물들을 점찍어 내게끔 해준다는 사실을 의미한다.

왜냐하면 분류법, 어휘, 비교의 가능한 요소들은 타자의 이해를 용이하게 하지 않기 때문이다. 중세의 환상적인 상상력은 15-16세기에도 여전히 존재했다. 〈자연인의 추락〉을 서술한 파젠(1982)에 따르면, 아메리카 인디언들의 행동 분석에 사용된 최초의 모델은 아리스토텔레스의 자연적 노예 제도의 심리 이론이었다.

출판과 논쟁을 부추긴 것은 기독교적 의식에 상관없이 다름 아닌 신세계 정복의 문제, 점령군의 정치적 · 도덕적 권리의 문제, 인디언 부족의 문제였다.[20] 처음에는 살라만크[21] 신학교를 통해서, 이어서 16세기부터 예수회를 통해서 신학적 고찰이 전개된 곳은 다름 아닌 바로 스페인에서이다. 이 일종의 비교 민족학 프로그램의 개설에서 두 사람이 주도적인 중요한 역할을 했다. 한 사람은 도미니쿠스 수도사인 **바르톨로메 드 라스 카사스**(1474-1566)이며, 또 다른 한 사람은 **예수회 소속 호세 드 아코스타**(1539-1600)이다.[22]

---

20) 벌하헤그(J.-D. Verhaheghe)의 텔레비전 영화 〈발라돌리드의 반박 *La Controverse de Valladolid*〉을 볼 것(프랑스 제3방송(FR3)-라 세트(*La Sept*) 방송 합작 영화, 1991).

21) **Salamanque**: 도미니쿠스 수도사 계보의 신학교. [역주]

부셰는 신학과 인간 인식 사이의 단절이 이 시기까지, 특히 몽테뉴까지 거슬러 올라간다고 여기고 있으며, 이러한 단절을 18세기 철학자들에게만 할애하는 것은 과장된 것이라고 간주한다.[23] 확실한 것은 목소리가 16세기에 주어졌다는 사실과 간절하고도 반복적인 토론이 계속되는 세기 동안에 이뤄졌다는 사실이다. 말하자면 자신들이 보고하는 것에 대해 눈으로 본 증언이 항상 아닌 여행객들에게 있어 진실과 객관성의 부분은 어떤 것인가? 인식에 어느 정도 비평적인 사회학은 정보 제공자들의 선입견과 관찰자들의 선입견을 분리하려고 애쓴다. 저자의 사회적 신분, 문화의 정도, 순진함이나 선입견에 대한 저자의 어느 정도의 큰 경향은 점진적으로 토론의 대상이 되었다. G. 시나르가 지적하듯이 "첫번째 단계는 독창성의 단계였다…. 수집한 제 사실들은 중요한 특징으로 독특하고 '진귀한,' 말하자면 그들의 장르에서 유일한 것이었다. 따라서 우리들은 이러한 사실들이 철학자들에게 자료로 사용되는 것이 마땅한 것처럼 보이지 않았다는 사실을 잘 이해했다…."[24] 여기에서 분별

---

22) 드 라스 카사스(B. de Las Casas)의 《인도 파괴 약사 *Très brève relation de la destruction des Indes*》(1582), 파리, 라 데쿠베르트 출판사, 1984와 아코스타(J. de Acosta)의 《서인도의 자연적·도덕적 이야기 *Histoire naturelle et morale des Indes occidentales*》(1589)(파리, 파이요 출판사)를 읽을 것.

23) 러프 에이젠라이흐(B. Rupp-Eisenreich)의 《인류학사: 16-19세기 *Histoires de l'anthropologie: XVI-XIXe siècles*》(파리, 클린크시에크 출판사, 1984)의 〈16세기의 인류학적 담론과 신학적 담론: 몽테뉴의 '레이몽드 스봉드의 변증론' Discours anthropologique et discours théologique au 16e siècle: 'L'apologie de Raymond de Sebonde' de Montaigne〉(pp.43-54) 참조 요망.

24) 《17-18세기 프랑스 문학에서 아메리카와 이국적 꿈》(파리, 아셰트 출판사, 1913, p.101).

있고 심사숙고된 묘사를 수집하기 위해 1755년에 루소 또는
1762년에 크누즈 림스가 철학자를 여행가로 변신시켜야 한다
는 제안들이 나온다.

1.2. 이론적, 경험론적 방법론

민족학적 방법과 담화라는 최초의 조립식 건축을 잘 결론짓
고 있는 것은 아마도 1799년의 〈원시 부족의 관찰에서 수행해
야 할 여러 가지 방법에 관한 고찰〉이란 장 마리 드 제랑도의
텍스트이다.[25] 왜냐하면 이러한 고찰은 아주 현실적인 여행자들
에게 동시에 운명지어졌기 때문이다(비록 탐정대의 '인류학자'
프롱이 제랑도에 의해 제안된 사회, 문화적 접근보다 머지않아 다
가올 물리적 인류학을 공표했을지라도). 이러한 고찰은 앙케트를
생각하는 사람(앙케트에서 교훈을 끌어내는 사람)과 땅의 개척
일을 하는 사람 사이에서 일에 대해 조직되고 확고한 분할을 하
는 시기인 제2기의 문을 열었다. 물론 땅에 대해 앙케트하는 사
람은 이 일을 파트타임으로 할 뿐이다. 무엇보다도 어부, 군인,
미션을 수행하는 사람, 상인 또는 여행객이 남는다. 하지만 재
정을 과학적 연합, 사실과 물질적 대상의 질서정연한 접수를
위한 앙케트 안내서가 점점 더 표준화와 비교를 용이하게 하는
제도적이며 지적인 틀을 제공한다. 가장 유명하며, 여전히 서점
에서 구할 수 있는 가장 유명한 가이드는 1874년의 《문명화되
지 않은 땅에서 여행가와 주민들을 위한 민족학에 관한 기록과

---

25) 인간관찰협회의 전체 텍스트는 광명(18세기 계몽주의)의 휴머니즘의
객관화의 실증주의로의 전이——식민지화로의 전이를 표시한다(코팡과
자맹, 1994).

전문협회/연구소(프랑스)

1799 인간관찰협회

1838 파리 민족협회(인종학에 관한)

1855 자연사 박물관의 인류학 분과

1859 파리 인류학협회

1875 파리 인류학 학교(그랑제콜)

1878 트로카데로(Trocadéro) 민족박물관

1925 파리 민족 예술 연구소

1926 소르본대학이 발급한 최초의 민족학 학위

1928 프랑스 민족학협회

1937 인류 박물관

1943 M. 그리올: 소르본대학 최초의 일반 민족학 교수

1947 프랑스 민족 분류학협회

1959 사회 인류학 연구소

1972 프랑스 민족학협회

1979 인류학자 프랑스협회

1980 프랑스 문화부에 민족학 전문 분과위원회 설치(문화유
　　산과)

앙케트에 대한 중요한 안내서(프랑스)

제랑도	《원시 부족의 관찰에서 수행해야 할 여러 가지 방법에 관한 고찰》	1799
파리 민족학협회	《여행객들에게 보낸 일반적인 지시사항》	1841
파리 인류학협회	《사회학과 민족분류학의 문제》	1883
M. 모스	《민족분류학 개요》	1947
M. 그리올	《민족분류학 방법론》	1957
M. 마제	《문화 행동에 대한 직접 연구 안내서》	1962

질문)이란 책이다. 작업의 이러한 분할의 증거는 1913년 마르셀 모스에 의한 대담에서 제시되어 있지 않은가? 이 대담에 따르면 식민지 근무자가 원주민을 관찰하는 데 가장 적합한 사람이다.

탐험과 접촉이란 제1기는 처음에는 신학적이었고 이어서 철학적 성찰의 작업의 정수를 확인한 후, 여행에서 돌아온 다음에 제출된 이야기와 보고서의 강독에 익숙해졌다. 19세기의 전환점에서 탄생한 제2기는 이때부터 여행을 계획하고 앙케트를 안내하는 성찰로의 회귀를 경험한다. 하지만 가장 중요한 변화는 민족학적이고 인류학적 호기심에 충만해 있던 새로운 정신 상태에서 왔다. 무엇보다도 자연주의적인 성향이 우세해지며 분류와 생성의 기도에 인간이란 종 자체를 통합시켰다. 물리적 인류학——아주 인종분류적인——은 한마디로 친인류적이며, 문명화되고 식민주의적인 이데올로기에 부응했다.

항상 2차적인 민족학은 처음에는 철학적(칸트 · 헤겔), 이어서 역사학적(마르크스) 또는 19세기말의 사회학적(스펜서 · 베버), 또는 20세기초의 사회학적(뒤르카임 · 모스)인 위대한 종합적 성찰의 자료가 되었다. 현대성의 특징을 지닌 이러한 위대한 운동은 사회의 기원을 가치 있게 하는 진화론처럼 읽혔다. 고대 생물학과 선사고고학이 마찬가지로 이 시기에 탄생했으며, 땅의 실무전문가의 안목과 동시에 병적인 기아의 역사-인류학적 상상력에 복종하고 있는 것이 바로 인간 운명의 총체라는 사실을 잊지 말자. 인간의 물리적 기원에 이은 물질적 탐색은 현시대의 관찰자들에게 원시인들을 기술적 또는 외견상 타고난 문화의 고풍주의에서 살아 있는 견본이라고 지칭하기에 이른다. 민족학은 충분히 책에서 얻을 수 있지만, 민족학 고유의 비교주의적인 독창성은 고유한 이론적 접근의 토대를 버리도록 한다. 비록 원전 비평이 항상 희망할 것을 일임한다 할지라도, 아울러 장기적 안목의 인류학적 전망을 만들어 내는 성향이 오히려 명상적인 장르를 정의한다고 할지라도, 계통학과 분류학의 편집 상태는 알려진 사실들 속에 질서를 두며, 필요한 경험론적 운율을 암시한다.

인류학자인 아담 쿠퍼에 따르면, 1860-70년대에 나타난 **원시 사회**란 개념은 1세기 동안 훌륭하게(비록 공허했을지라도) 인류학의 목적을 달성했다. 원시 사회는 원시적 정신, 원시 종교, 원시 화폐, 기타의 독특한 형태를 분명하게 취할 수 있다.[26] 아울러 실제로 학문의 진화는 다윈보다도 라마르크와 스펜서에서 기인한다(1850년대부터 진화론의 창시자이며, 진화사회학인 《종의 기원》의 출간 이전인). 진화의 선적인 개념, 진보의 개념, 진화의 전개에서의 단계의 존재, 오히려 변화 원인들의 내부적 개념은 이러한 이론적이며 철학적인 유행에 대한 사상의 핵심을 구성한다. 초기에는 이러한 관심들이 결혼, 가정, 개인적 특성, 국가에 기초함에 따라 원칙적으로 법률적 연구에 의존했다. 이러한 성찰에서 출발점으로 사용된 것은 다름 아닌 영국인 헨리 메인의 《고대법》(1861)이었다. 이어서 스위스인 바흐오펜(《모성의 권리》, 1861), 프랑스인 퓌스텔 드 쿨랑주(《고대 도시》, 1864), 스코틀랜드인 매클레넌(《원시혼》, 1865)과 특히 미국인 모건(앞으로 언급될 것이지만)은 현대 사회의 반대 명제인 원시 사회에 대한 가설적이며 진화론적인 재구성에 헌신했다.

---

26) 레비-브럴(H. Levy-Bruhl) · 타일러(E. Tylor) · 투른발트(R. Thurnwald)의 작품들에 대해 생각해 보자.

　후계 그룹, 즉 외혼(이족과의 결혼)을 참조하고 결혼의 인척 관계로 연결되어 있는 **친족 관계의 창립 역할**을 내세우는 사상의 언저리에서 교감이 발전했다. 이러한 제도는 어휘에서 살아남았다. 이 제도들은 마술에 특전을 부여한다. 영토라는 국가와 사유지의 발명과 더불어 원시 사회는 현대 사회에 자리를 양보한다. 즉 계약이 법령을 대체하고, 땅에 대한 관계가 혈연 관계를 대체한다.

　이러한 원시 사회의 '대상'은 민족학 영역의 배가가 아주 빨리(그런데 20세기초부터) 진화 경로의 다양성과 특히 사회의 유일하고 근본적인 모델로 거슬러 올라갈 수 없음을 확증할 수 있을지라도 1세기 이상 동안 인류학의 관심을 집중시켰다. 이 모든 세기에서 가장 중요하고 가장 상징적인 민족학자는 이론의 여지없이 미국인 루이스 **H.** 모건이다. 무엇보다도 모건은 자신의 방식으로 이미 19세기 중엽에 상당한 전통을 소유한 미국식 영역의 전기(前期)-민족학을 대표한다. 태평양 해안에 도착한 클라크와 모건은 민족학적 정보를 수집해야 했다. 이 여행에 참가했던 화가인 캐틀린은 1837년에 인디언들의 일상생활을 반영하고 있는 많은 물건들과 6백 개의 그림을 전시했다.[27] 1842년 미국민족학회(American Ethnological Society)가 창립되었고, 1846년에 스미스소니언협회(Smithsonian Institution)가 창설되었다. 이 스미스소니언협회를 위해 스쿨크래프트는 〈미국 민족학 탐험 계획〉안을 만들었다. 1851년 모건은 북아메리카 인디언 이러쿼이연맹(Ligue Iroquois)에 관한 민족학 전공 논문을 출간

---

27) 이 그림들은 워싱턴 소재의 박물관과 파리국립도서관의 판화실에 보존되어 있다.

했으며, 일부 사람들은 이 논문을 이 영역에서의 최초의 논문으로 간주했다. 모건은 자신의 연구를 뉴욕 주에 있는 로체스터의 이웃 마을 인디언 보호 지역까지 확대했다. 이곳에서 모건은 변호사로 거주했다. 이어서 모건은 2백60개 형태의 친척 관계의 목록을 작성하면서 전세계의 1백39개의 친족 시스템에 관한 문헌학적·민족학적 비교라는 방대한 작업을 설정했다. 1865년에 끝난 이 작업은 《인간 가족의 혈족 관계와 인척 관계의 체계》라는 제목으로 1871년에 가서야 출간될 것이다. 하지만 그의 가장 유명한 작품은 기술, 정부, 가정과 소유(부동산)의 양식 계획에 관한 인간의 진보를 기술한 《고대 사회》이다.[28] 야생에서 야만을 거쳐 문명으로의 이행은 여러 가지 사회, 경제, 정치 생활의 요소 사이에서의 관계를 검토하는 데 근거한다. 사회적·정치적 진보의 자연신교적인 설명에도 불구하고, 엥겔스에 의해 재강독된 모건은 본의 아니게 유물론자가 아니지만 전기-마르크스주의자가 되었다(1891). 모건은 민족학을 친족에 근거하는 사회의 연구로 정의하고 있지만, 그의 강독의 일람표가 그토록 영향력을 갖는 것은 다름 아닌 인간 진보의 일반적 이론과 무관한 것처럼 보이기 때문이다. 이러한 이론은 20세기초 미국에서 문화적 자치주의의 대가인 보아스와 마찬가지로 영국에서 역사를 배제한 기능주의 창시자인 말리노프스키에 의해 평가받게 될 것이다. 모건의 저작은 오늘날에도 여전히 19세기의 명상적인 인류학적 정신의 특성과 결점을 포함하고 있는 가장 훌륭하게 집대성되어 있는 책으로 남아 있다.

---

28) 1877년 간행된 이 책은 《고대 사회 *Société archaïque*》(파리, 앙트로포스 출판사, 1971)란 제목으로 프랑스어로 번역되었다.

민족학적 실천의 현대적 모델의 생성은 민족학자 자신에 의해 이뤄진 땅의 탐사라는 방법론적 역할의 인지를 통해 필연적으로 이뤄졌다. 따라서 경험론적 선입견이 우세해졌다. 왜냐하면 제사실의 수집과 제사실의 본질과 비교의 엄격한 설정이 인류학적 정신의 상태뿐만 아니라, 인류학적 명상 계획 자체를 정의하기 때문이다. 따라서 인류학의 대상은 비록 인류학이 잘못 알려진 역사나 아는 것이 불가능한 역사의 산물이라고 할지라도 정확한 문명이 되었다. 제도적 관점 또는 이데올로기적 관점의 분명한 이유로 인해, 이 모델의 평가는 간접적인 탐색에서 진화론적이거나 확산주의적인[29] 모델과의 대립에서만 이루어질 수 있을 것이다. 이것을 행하는 새로운 방식들은 종종 논쟁적이거나 혹평하는 방식이 필요 불가결할 것이다.

2. 고전 모델(들)

폴란드 크라코프에서 태어난 말리노프스키(1884-1942)는 오늘날에도 아주 훌륭한 인류학자로 남아 있다. 물리학과 수학을 공부한 후, 제임스 프레이저의 《황금 가지》 강독은 말리노프스키에게 민족학에 대한 취향을 불러일으켰다. 그는 1910년에 런던에 가서, 이곳에서 웨스터마크와 셀리그만의 강의를 듣

---

29) 확산주의는 공간에서 원시 부족의 분포와 확산의 연구를 통해 원시 부족의 역사를 재구성하는 데 그 목적이 있는 작업 전체를 의미한다. 독일과 오스트리아가 원산지인 이러한 방향 설정은 라첼(F. Ratzel(1882))과 프로베니우스(L. Forbenius)(문화 서클의 개념을 대중화시킨 사람인), 그라브너(F. Gräbner)(1910)의 이름을 통해 알려졌다. 이러한 확산주의의 방향 설정은 초기 미국 문화인류학에 영향을 끼쳤다.

는다. 뉴기니에서의 여러 차례의 체류, 특히 1914-18년 사이 특히 뉴기니의 섬 트로브리안드의 체류는 그에게 참여하는 관찰이라는 표현하에 자신이 이론화하고 있던 땅의 경험과 분석의 기초 자료를 제공해 줄 것이다. 물론 민족학자 자신을 통한 땅의 탐색이 확산되기 시작했다(토레스 해협과 멜라네시아에서의 해든, 셀리그만, 리버스가 공동으로 행한 1899년의 탐험과 1883-4년 이누이트 부족에서 보아스의 체류와 그후 미국과 캐나다의 북-서해안에서의 체류를 상기해 보라).

하지만 말리노프스키는 이 앙케트의 결과를 《서태평양의 모험가들》(1922)에서 문학적일 뿐만 아니라(그는 상상적인 방식으로 자신의 탐사지를 재창조했다) 과학적인 논증을 곁들여 방법론적 계획에서 체계화했다(p.58. 테두리에 넣은 기사 참조). 1930년대부터, **참여하는 관찰**(Observation participante)은 서양의 여러 나라 전체에서 민족학의 변별적 기호가 되었으며, 말리노프스키의 제자들은 스승의 성공을 위해 많은 노력을 할 것이다. 하지만 말리노프스키의 혁신은 또한 이론적이고 테마적인 측면에서 드러난다. 말하자면 그는 필수품으로 가족의 역할을 강조하며, 교육과 심리적 특성을 강조한다. 그는 프로이트를 재강독하고, 원시 사회에서의 성(性)을 토론한다.[30] 그의 중요한 작품은 경제활동에 주력하고 있다. 즉 《모험가들》의 중요한 주제는 일부 멜라네시아 섬들 사이에서의 상징적인 재산의 교환 체계인 **쿨라**(Kula) 서클에 관한 주제이다. 이것은 서로 다른 조개

---

30) 《원시 사회에서의 성과 억압 *Sexualité et répression dans les sociétés primitives*》(1927)(파리, 파이요 출판사, 1932)과 《멜라네시아 북부 미개 사회의 성생활》(1929)(파리, 파이요 출판사, 1930) 참조.

로부터 만든 고귀한 장신구들에 관한 것이다. 예컨대 목걸이(술라바, sulava)는 시곗바늘의 의미로 유통되며, 반면에 팔찌(무왈리, mwali)는 반대의 의미, 즉 상호 관계를 구성하는 총체의 의미로 유통된다.

필수품과 특히 규격이란 용어로의 기능주의적인 분석은 말리노프스키에게 변화에 대한 그의 모든 자리를 제공하는 것을 방해했다. 실제로 만약 제도가 서로서로를 대체한다면, 이것은 기능이 모든 사회에서 동일하기 때문일 것이다. 따라서 사람들은 약간 남용하는 방식으로 기능주의의 호칭을 1930-60년대 영국의 모든 사회인류학으로 대중화시켰다. 이 사회인류학은 뒤르카임의 사회학(래드클리프-브라운, 1881-1955)에 의해 영향을 받았고, 좀더 일반적으로 가족 체계나(포르테스, 1906-1983; 리치, 1910-1989) 정치 체계(에번스-프리처드, 1902-1973; 글럭먼, 1911-1975; 퍼스, 1901-1989)에서의 사회질서의 법칙과 법률의 연구나 정치 체계에 의해 영향을 받았다. 좀더 역동적인 영감이 1950년대에 빛을 보았고 조직망(클라이드 미첼)이나 상징적 협상(터너·더글러스)이란 용어로 좀더 특별한 관심을 불러일으켰다. 민족분류학은 말리노프스키가 여전히 신비스런 참조로 남아 있을지라도, 개념적으로 좀더 테마화했으며 방향이 설정되었다.

만약 영국 사람들이 사회와 제도를 주창했다면, 미국 사람들은 보아스(1858-1942)와 그의 제자들(미드, 1901-1978; 베네딕트, 1887-1948; 크로버, 1876-1960; R. 로위, 1883-1957) 이후 문화의 총체성을 강조했다. 최소한 두 개의 변이체가 명확해진다. 첫째는 1930년대 심리학과 정신분석학의 영향으로 '문화와 개성' 학파가 탄생하며, 이 학파의 명성은 민족학과 인류학 서

브로니스로 말리노프스키가 본 탐사지의 발명

  민족 분류 작업에 고유한 조건들. 이 조건들은 무엇보다도 우리가 방금 언급했듯이 백인들의 사회와 관계를 단절하는 데 있으며, 가능한 한 원주민들과 밀접한 관계를 유지하는 데 있다. 이것은 우리가 원주민들의 마을에 야영할 때 가능해질 수 있다. 식량을 위해 한 백인 거주민 집에 일시 머무르는 것을 이용하고 아프거나 원주민과의 생활에 권태를 느낄 경우 피신할 수 있는 거주민 집을 발견할 수 있다는 사실을 아는 것으로 만족한다. 하지만 우리가 영원히 거주하는 장소가 되지 않고 '마을을 구경하기' 위해 제한된 시간에만 외출하는 환경이 되지 않도록 충분히 멀리 떨어져 있어야 한다. 또한 자신의 긴장을 풀기 위해 끊임없이 거주지에 가기 위해 아주 가까운 곳이어서는 안 될 것이다. 왜냐하면 원주민은 백인들에게 정상적인 동반자가 아니기 때문이며, 여러 시간 동안 원주민과 일을 하고, 어떻게 이들이 정원을 가꾸는지를 바라보고, 이들의 전통 민족 이야기를 듣고, 이들의 관습에 대해 토론한 후, 당신은 아주 자연스럽게 당신 동료 중의 한 명을 다시 보고 싶은 욕망을 갖게 될 것이기 때문이다. 하지만 당신은 당신이 격리되었다는 사실의 욕망에 만족할 수 없고, 당신은 한두 시간의 산책을 떠날 것이고, 산책에서 돌아오면서 당신은 마치 당신이 고독을 일시적으로 완화하기 위해 그 어떤 여자와의 교제를 열망하는 것처럼 원주민들의 사회를 아주 정상적으로 다시 찾을 것이다. 아울러 이렇게 만들어진 이러한 자연적인 관계들을 통해, 만약 당신이 돈을 주고 고용한 정보 제공자에게 맡긴다 할지라도, 종종 이들의 보고서가 이해 관계가 부족할 것이라는 사실보다 훨씬 더 당신은 당신의 측근들을 알아보고, 그들의 풍속과 신앙과 친숙해지는 법을 배우게 될 것이다. 바로 거기에 원주민 한가운데서 이따금씩 출현하는 낯선 것과

원주민들과의 현실적인 접촉 사이의 모든 차이가 존재하는 것
이다. 그렇다면 이 마지막 말은 무엇을 의미하는가? 민족학자
에게 있어 이것은 마을에서의 자신의 인생이, 처음에는 이상
한 모험이지만 때론 불편하고 때론 끔찍할 정도로 열정적이
지만, 곧 이웃한 원주민과 완벽하게 조화를 이루는 일상적인
흐름을 따른다는 사실을 의미한다.

《서태평양의 모험가들》, 갈리마르 출판사, 1963, 63쪽

클 너머로 확대되었다. 둘째는 한편으론 환경(화이트, 1900-
1975; 스튜어드, 1902-1972)과 다른 한편으론 정치 권력 체계
(프리드)에 연결된 문화 형태의 연속을 제안하는 진화론적 방향
을 설정하는 일종의 분석이 일어난다.

미국 인디언의 인구 연구에서 강하게 뿌리를 내린 문화인류
학은 무엇보다도 유아 시절, 어린 시절과 인생의 모든 나이 동
안의 문화의 전달과 재생산을 강조한다. 물질적이면서 동시에
비물질적이고, 실용적이면서 상징적인 문화의 개념은 모든 가
능한 형태와 가장 원시적인 것뿐만 아니라 이국적인 것에 관계
된다. 미국인종의 다양성에 대한 분석은 유럽에 바탕을 두었거
나, 아프리카에 바탕을 둔(노예의 후예인 흑인들) 사회의 문화에
대한 연구에 이르게 한다(헤스코비츠, 1895-1963).

이러한 문화의 접촉과 혼합은 고유한 현상으로서 이질문화의
수용을 연구하게끔 허락한다. 일치(또는 규범과 표현 체계에 관
계된 문화적 행동의 일치 또는 불일치)는 투쟁이나 적응 불능을
파악하는 수단이 되었다. 제2차 세계대전 동안 응용 연구가 행
해졌다. 즉 진주만(Pearl Harbour) 공격자들의 '믿을 수 없는' 정
신 상태를 이해하기 위해 캘리포니아 진영에 재집결된 일본인

들의 연구, 또는 하선을 기다리며 어떻게 모두가 아주 명예롭게 여성들을 희롱할 수 있는지를 미군병사들에게 잘 설명하기 위해 영국에서 행한 성(性)별 사이의 관계의 스테레오판에 대한 연구. 특히 1950년대 문화 또는 사회 조직 개념들의 상호 영향에 관한 미국인들과 영국인들 사이의 많은 토론에도 불구하고, 좀더 광의의 인류학의 한 분야인 문화인류학은 사회생활의 총체적 개념을 전달한다. 이 개념에서 역사를 관통하는 가치들과 개인적 가치들, 즉 추상적인 모델과 구체적인 모델이 서로 대면한다. 문화의 변증법적 다양성은 그때까지 세상에서 가장 상상적인 프로다운 환경으로 남아 있던 미국 인류학의 주제, 이론 및 비평의 다양성을 설명한다. 자신의 스승 레드필드가 멕시코 땅을 방문한 지 20년 후인 1950년 멕시코를 다시 방문한 루이스(1914-1970)는 조우한 가족들의 전기를 통해 재구성된 가족 그룹 구성원 각자의 관점이 보충되고, 가족의 각 구성원이 대조를 이루는 가난함의 문화에 관심을 갖게 될 것이다. 그의 연구는 서점에서 큰 성공을 이루었다(1963, 1969).

1950년대부터 이론적 덕목의 중요성에도 불구하고 프랑스의 예는 최소한 양면성이 배어 있는 것으로 남아 있다. 비록 인류과학의 창시자(루소)가 프랑스 사람이며 민족학이 뒤르카임의 중재를 통해 대학 사회학의 창설의 서명자라고 할지라도, 탐사지에 대한 진정한 경험은 1930년대 동안에 아프리카 학자 M. 그리올의 탐험과 더불어 구체화될 뿐이다.[31] 미국과 영국의 교훈이 레비스트로스와 발랑디에 같은 젊은 민족학자들에게 영향

----

31) 미셸 레리스(Michel Leiris)가 《유령의 아프리카 *Afrique fantôme*》(파리, 갈리마르, 1934)에서 제시한 이야기를 참조 요망.

을 주고 이들을 형성한 것은 단지 1940년대 동안이었다. 이 시기에 땅에 대한 앙케트는 학문 프로그램의 이론적 풍요로움으로 보강되어 무시할 수 없는 것이 되었다. 역동주의·구조주의·마르크스주의는 15년도 채 안 걸려 민족학적 호기심에 대한 모든 지리적·테마적인 전선을 열게 될 모든 세대를 불러모았다. 제1단계는 1979년에 프랑스 인류학자협회의 창설과 연구자 전체를 재결집하는 여러 개의 심포지엄 개최를 통해 상징적으로 돌파되었다.

실제로 프랑스 모델은 약간은 정도를 벗어난 것처럼 보인다. 왜냐하면 프랑스 모델이 뒤늦게 탄생했고, 이론 생성의 유일한 독창성에 의한 민족학적이고 인류학적인 직업의 잔해에 부과하고 있는 것처럼 보이기 때문이다. 예컨대 식민지 상황과 사회 변화의 사회학, 신비의 구조 분석, 마르크스주의적 경제인류학. 앙케트는 문화적·언어적 내포가 잘못 식별된다고 해도 당연하다. 하지만 학문의 고전의 장이 일단 정의되자, 바로 인류학은 1980년대부터 후천적 지식으로 다시 돌아오는 것처럼 보인다. 인류학은 초이론(hyperthéoricisme)을 헐값에 팔고, 프랑스적 유산의 탐색을 강조하고, 현대성의 인류학을 희생으로 해서 역사인류학을 더욱 가치 있게 한다.

3. 근본적인 딜레마와 역사적 모순

이중의 명부가 민족학을 관통한다. 첫번째 명부는 처음부터의 관심을 가리키며, 관심의 '현대화' 또는 정기적인 실현을 가리킨다. 두번째는 무엇보다도 학문의 비평적 발전에 의해 제기

됨과 동시에 연구대상의 변형, 변이 또는 발명에 의해 제기된 새로운 문제를 참작한다. 이 두 명부를 서로 대립시켜서는 안 된다. 말하자면 전통을 현실에 대립시켜서는 안 된다. 왜냐하면 많은 점에서 이론의 발전이 완전히 설정된 것처럼 보이기 때문이다. 즉 인간의 기원, 야생적 사고 또는 정치적 불평등이 민족학과 인류학의 영원한 유산이다. 근본적인 딜레마는 따라서 다음의 네 가지에 이를 수 있다. 첫째는 **인간의 기원과 원시 사회**의 문제가 그것이다. 둘째는 문화의 다양성과 사회존재의 자연스런 가능성으로서의 **자연과 문화** 사이의 관계가 제기된다. 셋째는 주의를 동원하는 불평등의 끊임없는 게임인 **사회 관계의 발명과 정치 형태의 발명**이다. 마지막으로는 **상징적 이성과 야생적 사고** 사이에서 해야 하는 선택과 같은 것이 있을 것이다. 이와 같은 딜레마 요소의 결합은 1세기 이전부터 일련의 반복적인 논쟁이 딜레마를 결합하거나 또는 분리함에 따라 인류학의 역사를 요약할 수 있다.

3.1. 인간 종의 기원과 자연과의 관계

사회와 문화의 케케묵음, 인간 조직, 종교, 가족 등등의 가장 단순한, 따라서 가장 원시적인 조직 형태의 탐색에 대한 환영은 학문의 영원한 유혹에 속한다. 고대생물학·선사고고학·물리생물인류학은 자신의 고유한 자율성을 갖고 있는 광의적으로 '자연주의의' 학문들이다. 하지만 이들의 개념적이거나 사실에 관한 영향은 진화론적 전통이 동물성을 인간성에 이르게 하는 계보(혈통, 친자 관계)를 재구성하려고 노력하고, **호모 사피엔스** (Homo sapiens)를 만들어 낼 발전과 분기를 동일시하려고 노력하며, 마지막으로 합당한 방식으로 인간 그룹과 이들의 문화적 '생산'의 최초의 형태를 상상함에 따라 거대하게 남아 있다. 미국의 전통은 비록 필요한 능력이 순수한 인문학과 사회학이 아닌 생물학과 의학에서 생긴다고 할지라도, 아마도 현실적이라기보다 더 형식적인 방식으로 이러한 모든 성찰을 인류학의 한가운데 통합한다. 고릴라에 관한 연구, **직립인간**(Homo erectus)에 관한 아프리카에서의 발굴, 인류학자와 고고학자의 문화적 성찰은 생물학적·사회적 인간을 출현시켰다. 하지만 인간의 생물학적 본성이 모든 사회의 근본적인 특징에 영향을 미치거나 한정할 수 있는가? 사회학의 유행은 대부분의 행동과 제도가 행해야 할 생물학적·본능적 양식에서 간접적으로 파생한다는 사실을 증명하려고 노력했다. 여기에서 여전히 문화의 생물화는 최소한 관념적인 고대의 뿌리를 갖게 되며, 인종적 분류를 되찾으려는 위험과, 이러한 인종적 분류를 동반하는 인종주의는 매우 크다(윌슨, 1979; 살린스, 1980b). 하지만 만약 종의 기원이 현실의 염려로 머문다면, 사회의 기원은 그것이 생물학적이건 역사적이건 오히려 환각적인 신화에 종속할 것이다. 민족학이 매일의 세계를 재창조해서는 안 된다.

그렇지만 자연에서 문화를 살아남게 하거나 제1의 자연을 제2의 자연으로 변형시키는 딜레마는 여전히 더 분명한 공통의 장소이다. 기술의 단순성, 환경의 소위 결정론, 문화의 가공과 인식에서의 자연 세계의 중요성은 학문의 제1프로그램 중의 하나를 구성했다. 물론 두 세계 사이의 구별은 레비스트로스에 따르면 의미심장하다: "인간에게 보편적인 모든 것은 자연 질서에 의존하며, 자발성에 의해 특징지어진다…. 규범에 구속된 모든 것은 문화에 속하며 상대적인 것과 특수성의 속성을 제시한다"(1967, p.10. 77페이지의 주석 40을 보라). 하지만 이 두 환경 사이의 상호 작용은 일방통행이 아니다. 만약 생태인류학이 환경적 변수의 목록에서 문화를 포함하는 것까지 이른다면, 고전적인 진화론자 또는 문화론자적인 접근은 적응과 변형의 요인들을 명백하게 한다. 프랑스에서 생활 장르의 지리적 인식은 분류의 제1형태를 구성할 수 있다. 하지만 구조주의자들이나 마르크스주의자들에게 있어서 자연 환경은 첫번째 경우(야생적 사고)에서는 상징적 자원으로 오히려 정의되고, 두번째 경우(생산양식의 생산 능력)에서는 경제적 자원으로 정의된다.

3.2. 사회와 상징

앞장의 두 개의 딜레마는 모든 인간의 내재적 이원성에 관계된다. 이와는 달리 다음의 두 딜레마, 즉 사회적 관계와 상징적 묘사는 인간의 활동, 개인적이거나 집단적이거나 종속적인 행위를 명백하게 해준다. 이 경우 민족학과 인류학의 이론은 사회학 이론의 구체적인 형식화에 불과할 뿐이다. 제1차 세계대전까지 모든 사상가들은 이러한 개념적 경향을 표명했다. 왜냐하면 사회의 모든 일반 이론은 원시 사회와 역사적이며 근대적인 사회를 동시에 참조하기 때문이다. 민족학적 영역(땅)의 발명——아울러 필연적 귀결의 방식으로 1920년대부터 미국에서의 경험론적 사회학의 발달——은 이러한 영감의 단일성을 깨트리게 될 것이다. 구체적이며 분명한 방향 설정이 자율화되고 서로 대립하기조차 할 것이다. 친족의 민족학과 가족사회학 또는 정치인류학과 정치사회학의 예를 들자면, 우리들은 실제로 거기에 더 큰 관계가 없는 영역들이 있다는 사실을 간파할

수 있다. 인류학은 고고학이나 역사에 위임한 국가의 기원을
더 이상 책임지지 않는다. 마찬가지로 심리분석은 문자적으로
1930-40년대에 미국의 문화인류학을 착취했지만, 근본적인
사회 관계의 탐색은 오늘날 현실적인 대상의 문제라기보다는
오히려 이론적 선택의 문제처럼 나타난다.

　가장 반복적인 딜레마는 물론 신앙의 형태와 메커니즘의 딜
레마이다. 몇몇 유명한 개념만을 인용하자면 논리 이전의 정신
상태, 야생적 사고, 관념-논리학인 **마나**는 '연구실' 또는 땅의
모든 민족학자와 인류학자들의 마음을 사로잡았다.[32] 민족언어
학의 편집(표절본)과 같은 일련의 습관, 방향의 탐색(무의적이
고, 암암리에 행해지고, 구조주의적, 정치적), 종교적 혁신의 역
할은 문화의 모든 수준, 즉 실용적 수준과 상징적 수준을 연결
하고 종합하여 합산하는 문제의 출현을 유리하게 한다. 인류학
이 자신과 가장 차이가 나는 사고의 논리 앞에서 특히 편안함을
느낀다는 것은 분명하다. 마찬가지로 시어풍은 인류학에서 불
가능한 정의로 판명된다! 따라서 우주진화론에 관한 그리올과
디테를렌의 작업들은 바람직한 모든 사회학적 정확성을 갖지
못할 것이며, 카를로스 카스타네다의 연구는 거대한 사기에 지
나지 않을 것이다.[33] 이러한 분석의 수준에서 단 하나의 다음과
같은 질문이 제기되었다. 즉 사람들이 외부의 타자를 이해할 수

---

32) 이 개념들은 모스(**Mauss**)·레비 브릴(**Levy-Bruhl**)·레비스트로스·
오제의 공동 연구(1975)에서 참조했다.

33) 《권력의 역사, 바라보기, 익스틀란에서의 여행 *Histoire du pouvoir,
Voir, Le voyage à Ixtlan*》(폴리오, 갈리마르 출판사)을 읽을 것. 주술사 야키
(**Yaqui**)에 의해 입문한 저자는 현실과 상상력을 구별하기가 어려운 작품을
만들었다. 노엘(**D. C. Noël**)에 의해 수집된 자료 《카를로스 카스타네다-빛
과 그림자》(파리, 알뱅 미셸, 1981)를 참조하고 있다.

있을까 혹은 이와는 반대로 인류학적 이성의 모든 사고를 포기해야 하는가?

결정적인 답이 제시될 수 없을 오래된 질문의 중압감이 학문이 끊임없이 동시대의 타당성을 환기시키기 위해 표명하는 공통성이 거의 없는 에너지와 대조를 이룬다. 신중한 민족학의 철학적 또는 인식론적 개념에 따라, 많은 단절이나 변화가 지난 세기를 또박또박 말해 준다. 첫번째 것은 분명히 민족학 발명 그 자체에 근거한다. 말하자면 마침내 내부의 타자를 재구성하게끔 해주는 땅의 실험에 근거한다. 이러한 편심은 근원적이다, 왜냐하면 타자는 더 이상 보편적이고 서구 중심의 역사를 정당화하는 위임장의 단순한 효과가 아니기 때문이다. 두번째 변화는 문화의 변질과 사회적 변화이다. 요컨대 현대성이 전통을 승계하고(이렇게 함으로써 이 둘은 서로의 분리된 동질성을 잃는다), 온기의 역사와 사회 발전의 내부의 역동성이 냉기의 역사를 승계한다. 이러한 1930-40년대 영국과 미국의 발명은 정치 권력의 효과를 인정했다. 즉 영국에서는 국가적 공간의 균일화, 미국에서는 식민지의 상황. 1950년대부터는 세계적인 것 없이 지역적인 것을 더 이상 설명할 수 없다. 민족학의 대상은 선험적이란 말로 축약되는 정의에 더 이상 복종하지 않으며, 운동, 관계, 상황이 되었다.

이러한 전망은 민족 민족학이나 대중 전통의 현대화를 설명해 준다. 즉 보편화됨으로써 인류학은 자기 자신의 사회에 대한 연구를 가능하게 만들었다. 타자는 이국적 원시인이 아니며, 우리들의 시골에 살던 선조 또한 아니라, 우리들의 동향인이자 우리들의 사회에 의해 만들어진 타인들의 총체(이민자, 소외된 사람 등등)이다. 민족학이 그 대상을 사회과학의 다른 대상의 나머지와 분리하는 지리적 경계, 테마 경계를 사라지게 하는 것을 보는 것과 마찬가지로, 민족학은 완전히 새로운 재적응에 복종했다. 1960-70년대 북아메리카 인디언들의 '붉은 힘'의 이데올로기(시민 권리 중에서 가장 급진적인 당원들의 '검은 세력(pouvoir noir)'을 모델로 한)는 식민지로 간주된 민족학 연구 기금에서 십일조를 공제해 줄 것을 요구했다. 오늘날 자신들의 정치적 · '민족적' 투쟁 행동에서 학문의 결과와 연설을 직접 이용하는 것은 바로 토착민이나 원주민들이다. 타자가 민족학자 자체가 되어 버린 이러한 급변은 최소한 일시적으로 대상의 서로 다른 서열화만을 강요할 수 있다.

3

사회 관계

'원시' '전통' 사회에 관한 성찰 또는 아주 단순하게 이국적으로 간주된 사회에 대한 성찰은 다음과 같은 분명한 두 가지 현상을 명백하게 했다. 즉 우리 사회와 이러한 사회와의 차이점과 이러한 차이점 자체를 통하여 이러한 사회를 조직하고 있는 사회 관계의 특수성. 이러한 제안은 오늘날 분명하게 보인다. 하지만 민족학 이론의 역사는 우리들에게 학문의 원칙에 함축되어 있는 사회학적 자기 중심주의가 존재한다는 사실을 환기시켜준다. 최초의 설명적 모델은 비교할 만하지만, 어느 정도 진화론적인 일람표를 이용하여 사회를 분류하는 것으로 만족함에 따라서(최종적인 단계는 서양적이며 현대적이면서 이성적인 사회에 해당된다), 원시 사회 조직이 단지 이러한 사물의 이면에 불과한 것은 당연한 일일 것이다. 이러한 인식론적인 편견에도 불구하고, 민족학적 비교주의(모건 · 타일러)는 민족학자에게 땅의 영역과 문화적 상대주의의 윤리가 금세기초부터 부과해 온 자신들의 개념들을 재고하고 현실 효과를 참작하도록 강요한다.

확실히 반전이 작동하기도 한다. 즉 '타자'의 사회 조직의 특수성에 특권을 부여하면서, 설명 작업은 더 이상 서로 다른 사회들의 비교에 근거를 두지 않는다. 실제로 사람들은 그 역사를 잊어버렸다(말리노프스키·보아스). 왜냐하면 제도들, 사회 관계와 문화의 내재적 논리에 집착하고 있기 때문이다. 이것들은 결과적으로 오히려 그 당시 제창되었던 정확한 행동이나 제도들을 참조하는 덜 일반적인 개념들이다. 이러한 개념들은 다음과 같은 두 가지 특성을 제시한다. 즉 이 개념들은 모든 사회의 가능성의 조건에 관한 추상적인 질서의 사회학적 성찰에 위치하지만(모스·래드클리프-브라운·레비스트로스), 이와 동시에 이 개념들은 독창적인 현실을 지칭하기도 한다. 1930-50년대의 문화주의자와 구조-기능주의자들 사이의 논쟁은 예컨대 다음과 같은 오해를 전달한다. 즉 명백하게 문화적 총체성에 특권을 부여하면서, 미국 인류학자들(크로버·헤스코비츠)은 자신들이 문화주의자라는 양식을 유형화하고 있다는 인상을 제시하는 반면, 영국의 인류학자들은 아마도 시간을 초월한 사회 조직의 내부논리학의 냉철한 중립을 더욱 선호하는 것처럼 보인다.

하지만 이러한 사회학화는 다른 이데올로기적 영향의 보호 아래 있지 않다. 에번스-프리처드와 포르테스는 자신들의 1940년의 유명한 저서 《아프리카의 정치 체계》라는 책에서 국가로 된 사회를 국가가 없는 사회와 대립시키고 있다. 이러한 부정적인 구별은 비록 이러한 구별이 정치 체계를 통하여 많은 원시 사회를 재평가하도록 해줄지라도, 거의 반세기 동안 문제를 제기하게 될 것이다. 좀더 결정적인 또 다른 문제의 제기는 사회 질서의 소위 자연의 기반, 말하자면 생물학적 기반 위에 근거한다. 첫번째는 나이에, 두번째는 성에 관련된다.[34] 프랑스

---

34) 인류학과 같은 여성적(학자들의) 연구는 오늘날 성의 차이와 성의 사회적 상태의 연구에 대해 말하기 위해 성(영어 gender)이란 용어의 사용을 체계화했다.

의 일부의 인류학자, 예컨대 마르크스주의자들은 사회 계층의 도표를 장남과 막내를 대립시키면서 나이의 범주에 적용시켰다(클로드 메이야수 · 레이). 이들의 편에서 여성학적 사조는 아주 합법적으로 그 기원부터 사회에 관한 남성적 관점을 통해 지배해 온 민족학을 비평했다.

민족학자의 사회 영역은 확장되었다. 왜냐하면 그 영역이 더 이상 원시적인 것으로 고려되지 않기 때문이며, 도움을 주는 비평적인 재표명과 새로운 생성과 같은 지도 제작의 수단들이 도처에서 적용되었다. 역설적으로 이타성의 세계화와 전통의 영원한 재창안은 이 프로그램을 세계화시키면서 학문 본래의 프로그램을 강화시켰다. 인류학의 대상(들)의 역사성은 모든 사회가 '계속되며 결코 끝나지 않는 생산의' 산물이라는 사실을 견고하게 해준다(발랑디에, 1985a, p.8). 사회 관계는 모든 사회의 원칙에 머무른다. 즉 이것은 기본이 되는 가족 구성의 한가운데 있으며, 정치 질서의 복잡한 형태의 한가운데 위치하거나 생산과 축적의 한가운데 위치한다. 상징적 게임은 모든 기록에 내재해 있지만 부분적으로 검토될 것이다.

1. 남자와 여자: 성과 혈족

1.1. 생물학적 · 사회적 토대들

인류의 인구 확장은 모든 종류의 공격에 대한 인간 종의 물리학적 저항으로 결정된 단순한 생물학적 현상이 아니다. 인류 재생산의 양식들과 출산의 목적, 성의 차별화와 성관계의 통제, 성의 구조와 노동 분할에서의 역할의 구별은 인간 본능의 단순한 문화적 사회화가 아니다. 물론 가장 극단적인 방향에서 물리인류학에 이어 생물인류학은——그런데 생물인류학은 4 반세기부터 시작된 사회학이다——종의 유지와 개량의 본능이 **자연스럽게** 집단 생활(재편성과 보호, 폭력과 투쟁)이나 개인 상호간(성적 배우자의 선택, 아이들의 교육, 가족의 최대수를 부양하기 위한 선택)과 같은 서로 다른 행동을 정의한다. 모든 문화적·사회적 인류학의 전통은(마르크스주의를 포함하여) 사회관계의 한가운데서 순수하게 인구학적 역동성의 자리를 보존시키면서 이러한 동일한 문제들을 사회학화하려고 시도했다.

선사에 대한 연구는 사냥꾼-채집가로서의 최초의 인간 사회가 유아 치사율과 상대적으로 평균 수명을 유지한 채 전체적으로 잘 먹었고 상대적으로 전염병에서 잘 보호되었다는 사실을 확신시켜 주었다. 이러한 연구는 또한 사회 구조의 복잡화와 정착과 농업으로의 이행이 인구 변화와 밀접하게 관련이 있다는 사실을 확인시켰다(인구의 증가, 출생률과 사망률의 변화 등등). 19세기에 일부 이론가들(바흐오펜·모건)은 어머니와 여자들에 바탕을 둔 모계 사회였다고 가정했다. 그 어느 것도 이러한 체계가 존재했는지를 입증하지 못했고, 이것은 일부 미국의 여성 인류학자들이 성(性) 사이의 계급 투쟁 와중에 여성들의 패배를 인정했을 모계 사회였다고 기술하는 것을 방해하지 못했다(리드, 1979).

성의 인류학적 접근은 우선 가능한 분석의 재검토이다. 트로비안데의 경제에 대해 말리노프스키에 의해 제안된 도표에서 여성들의 '망각'과 이들의 교환 유통의 중요성을 제시할 수 있었던 바이너(1983)을 인용해 보자(《서태평양의 모험가들》에서).

좀더 일반적인 방식으로 이해할 수 있는 것은 바로 여자들 세계의 고유한 논리이다(여성적이라고 불리는 세계뿐만 아니라 여성들이 살았고, 대표했고, 해석했던 그런 사회적·전체적 세계). 왜냐하면 그러한 세계가 독창적이기 때문이며(그 유명한 '망각된' 남성), 특히 필요하기 때문이다(여성은 남성 없이 지탱할 수 없으며, 상호적으로 필요하다). 니콜-클로드 마티외는 실제로 "지배자의 정보의 최대치가 필요하다고 환기한다…. 왜냐하면 지배자는 사용법, 경제적 메커니즘, 이데올로기적 정당화를 사용해야 되고, 사용된 물질적·심리적 구속을 알고 있기 때문이다"라고 환기하고 있다(1985, p.181).

가족 공동체의 가장 유명한 이론 중의 하나는 35년 전에 클로드 메이야수에 의해 제안된 이론이다(메이야수, 1977, pp.21-62). 가족 공동체는 독창적이면서(가족 사회는 자신의 고유한 조직 양식을 갖고 있다) 동시에 보편적이다(자본주의를 포함한 모든 생산 양식은 가족 관계의 지속에 바탕을 두고 있다). 즉 "가족 공동체는 실제로 개인의 육체적 생산, 생산자의 번식과 제도 전체를 통한 모든 형식하의 사회적 번식을 좌지우지하는 유일한 경제적·사회적 체계이며, 인간의 재번식의 수단, 즉 여성으로 명령받은 동원을 통해 지배받는 공동체이다."[35] 번식 관계와 '친족의 양식 구조'에 대한 조사 덕택에, 메이야수는 여성들의 유통과 탐험에 근거하는 세대들을 통한 복원과 선진 모델, 즉 오늘날 인구에 대한 깊이 있는 국제적 운동을 통해 변형된 사회를 포함하여 모든 사회의 비교를 가능하게 해주는 장점을 가

---

35) 클로드 메이야수는 다음과 같이 덧붙인다. 즉 "봉건 제도도 노예 제도도 자본주의도 인간이라는 육체적 번식을 조절하거나 고정하는 제도적 메커니즘을 포함하고 있지 않다"(1975, pp.9-10).

진 모델을 만들었다.

인간 사회는 어떤 의미에서 여성 사회이다. 왜냐하면 여성들이 처분 가능한 노동력의 결정적인 부분을 구성할 뿐만 아니라 여성들의 사회적 분포가 자신들의 생식 능력의 실행의 기초로 남아 있기 때문이다. 이러한 과정은 개인과 그룹의 생식 통제의 메커니즘에 위치하며, 개인과 그룹이 실현하는 자원의 축적에 위치한다. 이러한 현상은 인류학의 가운데서 세 개의 구별되는 강독의 대상이 되었다. 첫번째는 민중심리학의 문화적 방향 설정(미드 · 베네딕트)과 특히 《토템과 터부》에서 사회 관계의 기원이란 프로이트적인 강독을 참조한다.[36] 두번째는 이론적이라기보다는 묘사적인, 전체적인 설명이 대수롭지 않은, 미국인들이 성의 인류학이라고 부를 수 있었던 강독을 구성하고 있다.[37] 성행위에 대한 임상적이거나 비교적인 시선은 그렇지만 일화적이며, 어떤 점에서는 '수치스런' 것으로 남아 있다. 사회와 문화에 특권을 부여하는 세번째 방향은 종종 친족의 넓은 상호 관계의 장을 구성하기 위해 성적 체험에 마찬가지로 오이디푸스의 법칙이 일어나지 않으리라 예상하고 모험을 무릅쓴다. 오늘

---

36) 파리, 파이요 출판사, 1973. 아순(P. L. Assoun)의 《프로이트와 사회과학 *Freud et les sciences sociales*》(파리, 아르맹 콜랭 출판사, 1993)을 참조할 것. 말리노프스키는 마찬가지로 문화적 답변과 기본적 필요성의 이론덕분에 이러한 방향 설정에 위치할 수 있다.

37) 데이비스와 휘튼(D. L. Davis et R. G. Whitten)의 〈인간성의 교차문화 연구 The Cross-Cultural Study of Human Sexuality〉, 《인류학 잡지》(1987년 16호, pp.69-98)를 참조할 것. 이 영역에 관한 문제의 관점에 대한 민족학자들의 대토론에 관해서는 샐로먼(F. A. Salomane)의 〈오! 당신 여기 있었군요! 이성애의 인류학자와 성 Oh! vous voilà! L'antropologue hétérosexuel et le sexe〉, 《인류학과 사회》지(1995년, 19권 1-2호, pp.253-271)를 참조할 것.

날 이 장은 특히 동성애가 제시된 성적 번식과 '비정상' 또는 '비도덕'이라고 간주된 행동이란 원주민 이론의 고려 덕택에 왕성한 재정의가 이루어지고 있다.

1.2. 혈족

혈족에 대한 연구[38]는 학문의 단단한 핵으로 간주되어 왔고, 이것은 과학적인 이유와 마찬가지로 이데올로기적 이유에서였다. 이것은 무엇보다도 19세기 중엽부터 비교와 형식화의 대상이었던 민족학의 첫번째 영역이었다. 이러한 관심은 다음과 같은 여러 가지 이유로 설명되어질 수 있다. 즉 시작부터 일부일처제와 상승하는 부르주아 계급의 기독교주의적인(진화론자적인) 양속의 부부생활과는 아주 다른 원시의 성의 혼잡 개념 주위에 강박관념과 같은 논쟁이 존재한다. 하지만 기원의 탐색은 사회학적 경향(가족이 모든 사회 관계의 기초가 될 것이다)과 생물학적 경향(번식의 성적 필요성이 사회 제도의 형태를 제한한다)을 보여준다. 치머만이 설명하는 것처럼 "친족은 출산의 생물학적 현실에 기초하지만, 사회는 규칙이나 금지를 통해 이러한 생물학적 여건을 해석하고, 인정하거나 인정하지 않고, 또 비준한다. 이것이 어째서 친족 관계가 필연적으로 사회적인 것인지의 이유가 된다"(1993, p.12).

---

38) 친족이 초기에 앵글로-색슨계 민족학자들에 의해 '초기 의미로 혈연 관계와 확장의 의미로 자아에 중심을 둔 자연적이거나 협약에 따른 친족 관계의 망'(치머만, 1993, p.45)을 지칭하기 위해 사용되었던 '킨십(Kinship)'이란 영어를 번역한 것은 바로 편의성에 의해서이다. 독자들은 이 용어에 대한 상세한 설명을 이 장에서 찾아볼 수 있을 것이다.

세 개의 커다란 관계가 친족을 구성한다, 즉 **친자 관계, 인척 관계**(결혼), **친형제 관계**가 그것이다. 이러한 세 개의 범주에 친족 구성의 제1분석가로 남아 있는 전문 용어의 영역을 첨가해야 한다. 하지만 이 마지막 사항은 또한 주거, 소유와 가계(혈통, 계보)의 개념의 원칙을 포함한다. 이 모든 원칙의 동시적인 적용은 자신의 고유한 존재와 의미를 갖고 있는, 민족학자가 땅에서 부딪치고 탐색하는 생생한 현실을 구성하고 있는 구체적인 그룹을 정의할 수 있다.

친자 관계는 한 사람이 다른 한 사람의 후손일 때 친족의 유전을 가리킨다. 여기에서(아빠와 엄마에 관계해서는 한 아이에 대해 생각하기로 하자) 가깝거나 먼 개인들 사이의 진정한 생물학적 관계를 가리키는 혈족 관계와 아빠, 엄마, 아들, 딸과 같은 상태의 좀더 순수하게 사회적 · 문화적 관계와 동일한 번식 관계(부모 · 자녀)에 관계되는 넓은 의미에서의 친족 사이를 구별해야 한다. 한 개인은 사회적으로 하나의 혈통(아빠와 엄마를 통한 단일계의 친자 관계), 두 개의 혈통(아빠와 엄마를 통한 쌍일차의 친자 관계) 또는 네 개의 혈통(아빠와 엄마를 통해서 미분화 친자 관계나 쌍일차의 친자 관계, 한편으론 아빠와 다른 한편으론 엄마와 무관하거나 쌍일차인 친자 관계)에 연결되어 있다. 첫번째 경우, 친자 관계는 남자들이나(부계 또는 부계 친족 양식) 단지 여자들(모계 또는 이부형제)에 의해 유전된다. 쌍일차의 친자 관계에 있어(이중의 단일계 친자 관계), "두 개의 단일계 친자 관계는 한 친자 관계가 다른 한 친자 관계의 배제에서 일부 권리 양도를 지배하면서 서로 병렬된다."[39] 미분화 가계(또는 혈족의)에 대해 말하자면, 미분화 가계는 비록 이론적으로 두 부모들에 대한 권리와 의무가 전체적으로 동일할지라도 결코 절대

친족 관계의 개념과 묘사 체계

민족학자들은 편리하게 친족 관계를 기술하기 위해 다음과 같은 상징을 이용한다. 이러한 상징은 사람들이 항상 관계의 망에서 참조의 개인, 즉 자신을 지시하는 개인 친족의 도표를 만들게 해준다. 자신은 E와 동일시된다.

상징:

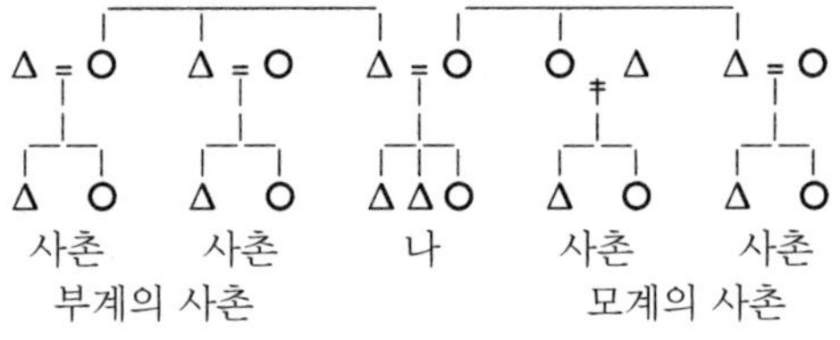

도표: 여기에서 자신의 사촌들을 가리킨다.

약어: 약어는 친족의 기본 용어를 지칭하기 위해 사용되었다(프랑스어로 그리고 영어로).

Pe(F) 아빠 père, father　　　Fr(B) 남자형제 frère, brother

Me(M) 엄마 mère, mother　　Sr(Z) 여자형제 sœur, sister

Fs(S) 아들 fils, son　　　　　Ma(H) 남편 mari, husband

Fe(D) 딸 fille, daughter　　　Ep(W) 처 épouse, wife

이러한 요소들은 여러분들에게 8페이지의 도표를 이해하고, 딸, 아들, 아버지를 식별하게 해주고 예컨대 딸, 여자형제, 엄마와 아들, 남자형제, 아빠를 또한 구별하게 해줄 것이다.

적이지 않다. 이 경우는 우리 자신이 서양의 친족 체계에서 알고 있다는 사실에 상응한다.

　가계를 바로 친족 체계의 본질을 한정하는 것으로 주창했던 사람들은 바로 다름 아닌 래드클리프-브라운이나 말리노프스키 같은 기능주의자들이다. 이와는 반대로 결혼과 좀더 일반적으로 여자들의 교환이 사회 공간의 총체를 조직하기 위해서는 1949년의 《친족의 기본 구조》를 기다려야 한다.[40] 레비스트로스에 따르면, 기본 구조와 복합 구조(우리들의 사회에 관계되는)를 구별해야 한다. 이러한 기본 구조는 배우자 선택에 있어서 긍정적인 규칙이다. 따라서 사람들은 정해졌거나, 자신들이 선호하는 결혼에 관심을 갖는다. 이러한 구조는 다음과 같은 두 가지 체계를 정의한다. 즉 교환의 짝수 단위 사이에서의 여성들의 제한적이거나 균형 잡힌 교환과 한 방향에서 방향 설정된 일반화되었거나 균형이 잡히지 않은 교환. 결혼은 의식 영역과 마찬가지로 경제 영역을 포함하는 복합적인 사회 구조이다. 자연이나 노동으로의 전이는 약혼한 남자의 가족을 약속의 가정(결혼의 보상)으로 이동하는 것이거나, 약혼한 여자의 가정을 남편이나 남편 그룹 소유로 이동하는 것이다(지참금). 현대의 일부 인류학자들에게 있어(구디·메이야수), 이러한 결혼 준비금(신랑이 신부에게 바치는)은 분화와 불평등(장손들이 자신들의

---

39) 폴므(Paulme)의 〈아프리카 사회에서의 친족의 개념〉, 《국제사회학 노트》지(1953, 15호, pp.150–173)를 참조할 것.

40) 이러한 모든 교환 체계를 기초하는 것은 바로 근친상간의 금지이며, 따라서 이족결혼이다. 이러한 논리는 클로드 레비스트로스의 《친족의 기본 구조 *Structures élémentaires de la parenté*》(프랑스대학출판부, 1949. 이 책의 수정본이 1967년 무통 출판사에서 재판되었다)의 기초를 이룬다.

이익에 따라 아래 동생들에 할당된 여자들의 교환을 통제한다) 체계라는 특징을 갖는다. 마지막으로 친형제(자매·사촌)는 인척 관계를 통한 친족과 마찬가지로 가족 사회의 기초가 되는 형제와 자매들의 그룹을 구성한다. 이들은 가계를 인척 관계와 연결해 주는 보조 영역이다.[41]

<table>
<tr><td colspan="3" align="center">결혼 타입</td></tr>
<tr><td>A 이족결혼</td><td colspan="2">상호 결혼 체계를 알고 있는 그룹 가운데서 한 그룹의 외부에서의 결혼을 기술하기 위해 인류학자 J. F. 매클레넌이 1865년에 창안한 용어</td></tr>
<tr><td>동족결혼</td><td colspan="2">그룹의 내부에서 결혼이 허용되거나 정해지는 결혼</td></tr>
<tr><td>B 일부일처제</td><td colspan="2">한 남자와 한 여자와의 결혼</td></tr>
<tr><td>일부다처제
(일처다부)</td><td colspan="2">한 사람과 여러 배우자와의 결혼</td></tr>
<tr><td>일부다처제</td><td colspan="2">한 남자에 결혼한 여러 여자들</td></tr>
<tr><td>일처다부제</td><td colspan="2">한 여자에 결혼한 여러 남자들</td></tr>
<tr><td>C 수혼제
(嫂婚制)</td><td colspan="2">죽은 남편의 남자형제들 중의 한 사람이 형수(제수)와 결혼하지만, 어떤 의미에서 수혼제는 대리인이다. 왜냐하면 대부분의 경우 이러한 결혼에 태어난 어린이들은 첫번째 남편의 아이로 간주되기 때문이다.</td></tr>
<tr><td>D 소로라(Sororat)</td><td colspan="2">남편이 죽은 아내의 여자형제와 결혼한다.</td></tr>
</table>

---

41) 일반적으로 인척 관계(alliance)와 친족 관계(parenté)라는 용어는 프랑수아즈 에리티에(Françoise Heritier)의 《친족의 연습 *L'Exercice de la parenté*》 (파리, 갈리마르-르 쇠이유 출판사, 1981)을 참조했다.

사람들이 친족의 연구에서 주거에 대해 말할 때, 사람들은 결혼에 따라 주거를 언급한다. 따라서 주거를 정의하는 규칙들이 시대에 따라 변할 수 있다. 이러한 규칙들은 가계(혈족)의 양식을 참조한다. 즉 주거는 부부가 남편의 아버지 집에 정착할 경우 남편의 가족과 동거하는 주거 형태이며, 이러한 양식은 남편이 자신의 계산에서 정착한 경우 남편의 친족과 동거하는 형태이다. 남편이 처가에서 입주해 사는 제도의 경우나 처가 측(모계 측) 거주제의 경우에서 부부는 이와는 반대로 젊은 여자의 부모님 곁에서 정착하거나, 여기에서 결혼 전에 여자가 생활한다. 부부가 어머니 중의 한 사람의 남자형제의 집에 정착할 경우, 주거는 백모(숙모) 거주제로 불리며(모계 체계인), 만약 주거가 이러한 조건 총체의 어떠한 것도 설명하지 못할 경우 새로운 거주 형태라고 부른다. 가정 그룹 발달의 사이클은 (경제적 자율성, 어린이, 부모의 사망 등) 이러한 주거 양식을 변형시켰다. 현대 사회에서 주거 장소를 정의하는 것은 종종 친족과 무관한 게임이다.

친족에 관한 성찰의 중요한 부분은 '친족'의 서로 다른 구성원들의 총체를 지칭하기 위해 사용된 토착 용어인 전문 용어에 할애되었다. 사람들이 **말하는** 인척 관계가 있는 친족에 주어진 이름인 항목의 용어와 사람들이 **말하는** 사람들을 지칭하는 데 사용되는 참조 용어 사이에서의 구별이 필요하다. 더욱이 사람들은 레비스트로스에 따르면, '명칭 체계의 다이내믹한 통합'[42] 인 태도의 체계를 항목 용어에 결합할 수 있을 것이다. 명칭 체계는 서술 체계와 분류 체계로 구성될 수 있다. 서술 체계는 제

---

42) 1958: p.47. 농담, 대피, 친족 의식 관계를 살펴볼 것.

2등급과 제2등급의 부모에 관계되는 정확한 용어의 저장품이다. 좀더 멀리 떨어져 있는 부모는 이러한 용어들의 복합체로 지칭된다(아프리카 수단의 딘카 가족과 실루크 가족이 이 형태에 속한다). 하지만 북아메리카 인디언 이로쿼이족에 관한 모건의 연구 이후 민족학자를 사로잡은 것은 바로 분류 체계이다. 민족학자들은 서로 다른 세대의 부모들 사이에서의 용어의 동질화나 직계부모와 방계부모 사이 또는 서로 다른 성의 부모 사이의 용어 확인 작업을 정비했다.

1909년 논문에서 크로버[43]는 모든 용어 체계가 실제로 어느 정도 분류 가능하다는 사실을 보여줬다. 친족에 관한 스무 개의 용어를 소유하고 있는 영어는 그 당시 스물다섯 개 또는 서른 개까지 알려진 원시인들의 데이터를 고려해 볼 때, 이와 비슷한 숫자를 소유할 수 있는 '원시인'들의 언어와 마찬가지로 분류 가능하다. 인류학자에 따르면, 여덟 개의 서로 구별이 되는 친족의 카테고리가 존재할 것이다. 영어는 네 개의 카테고리만을 사용하지만 반면에 예컨대 아메리카 인디언들의 언어는 일고여덟 개를 사용한다. 크로버는 친족의 용어가 "무엇보다도 언어활동에 의해 한정되며… 극도의 신중함으로만 사회학적 추론을 위해 사용되어질 수 있다"고 확언하면서 진화론적 가설의 재구성에 대한 비평까지 멀리 나아갔다. 이로쿼이 인디언의 경우에 관해 모건에 의해 시작된 유형학의 연구는 1897년 콜러에 의해 크로인(crow)과 오마하인(omaha) 체계 사이의 비교로까지 확장되었다. 마지막으로 친족을 여섯 개의 큰 유형학(에스키모

---

43) 〈가족 관계의 분석 체계〉, 《왕실인류학 저널잡지》(1909년 39호, pp.77-81). 여기에서 나는 치머만(Zimmermann)의 영감을 받았다(1993).

인 · 하와이인 · 이로쿼이 인디언 · 수단인 · 크로인 · 오마하인)을 《사회 구조》에서 제안한 사람은 바로 1949년 머독이었다.[44] 머독은 혈통의 중요한 형태(부계 혈통, 모계 혈통 등)로 이들 부족들을 교차시켰다. 이러한 작업은 머독에게 열한 개의 대형 사회 구조를 만들어 주었다.

1.3. 나이 분류에 따른 씨족

형식주의 언어학의 도입은 마침내 친족을 사회 전체의 나머지와 구별하기에 이른다. 그렇지만 친족은 역사적 · 인구학적 · 사회학적 질서의 실제적인 공동체를 보게 하는 영국식 표현에 따라 육체로 단단하게 결합된 그룹들이다. 가장 유명한 재그룹화는 씨족과 혈통이다. **씨족**은 이족결혼을 지칭하며, 가족 구성원이 단일가계에 따르는 공통의 선조를 내세운다. 타일러와 프레이저는 이러한 그룹을 토테미즘에 결합시키고 영토의 분할에 결합시킨다. 하지만 오늘날 사람들은 씨족의 의식, 정치, 더욱이 경제적인 다른 기능을 강조하며, 이족결혼은 더 이상 식별되는 것이 아니다. 기능주의적 인류학자들은 아프리카의 많은 예를 통해 **혈통**에서의 조직에 중요한 무게를 둔다. 만약 씨족들이 혈통을 관장한다면, 마찬가지로 혈통이 없는 씨족이 존재할 수 있다. 이 혈통에 대해 말하자면, 혈통은 사회생활의 모든 단계에서 개입할 수 있다. 혈통은 상대적으로 아주 입증된 사회적 · 지역적 단위를 소유할 수 있지만 투쟁과 적대 관계의

---

44) 바로 이 시기에 머독 · 레비스트로스 · 포르테스의 작품들이 동시에 출간되는 우연의 일치를 주목해 보자.

분할을 유도할 수 있다. 이러한 분할은 이번에는 완전한 권리를 가진 혈통이 될 수 있을 것이다.

민족학적 성찰의 유럽 역사와 복합적이라고 불리는 사회(또는 농부 기질이라고 생각되는)의 예에 대한 확장은 비록 친족이 오래전부터 역사가·법률가·민족학자들의 관심을 끌어왔다고 하더라도 상대적으로 최신의 일이다.[45] 미분화된 가계의 예시는 민족학적 접근을 상대적 가치밖에 인정하지 않고 친족 또는 이와는 반대로 가정에 대해서 이른바 좀더 유연한 체계를 이용하게끔 해주었다. 특히 G. 오귀스탱에 의해 형식화된(1990) 첫번째 것은 친형제(자매·사촌) 사이에서의 동가를 주창했고, 가공의 친족, 즉 우정 관계, 손님 관계를 포함한 가공의 친족이 개입할 수조차 있는 아주 확장된 친족의 가능한 모든 수단들을 이용했다. 반대로 가정의 체계는 주거, 친형제(자매·사촌) 사이, 연장자(장남·장녀)와 막내 사이에서의 위계, 안정된 가정 그룹을 한층 더 강조했다. 이러한 취미에 대한 개념을 빛을 보게 한 것은 바로 레비스트로스가 카키우툴시(numaym) 귀족 가정의 제도를 조사하면서부터이며, 레비스트로스는 다음과 같은 사실을 주목했다. 즉 "유럽이나 외국의 귀족 가정의 모든 기능은 다른 곳에서 상관항과 대립항으로 취한 카테고리의 혼동을 내포하고 있으며, 이때부터 사람들은 마치 이것들이 서로 교환 가능한 것처럼 취급되는 것을 보게 될 것이다. 말하자면 가계는 인척 관계의 가치와 비길 만하고, 인척 관계는 가계의 가치와 비길 만하다"(1979, p.191).

나이 또한 사회 조직을 읽기 위한 성만큼이나 아주 효율적인

---

45) 졸라스(Jolas et ali.)(1990)와 세갈렌(Segalen)(1980)의 작품을 볼 것.

수단으로 입증되었다. 나이는 '인류학적' 증거이지만 나이를 이용하는 많은 방식이 존재한다. 첫번째 방식은 권위의 상징적인 묘사, 전통의 기억화된 기능, 질서와 동질성의 유지에서 절대적인 나이의 많음, 나이든 사람(노인·연장자)이나 선조들의 역할을 강조한다. 이러한 장자에 대한 인식은 사회·경제·정치 관계의 총체에 적용될 수 있으며, 엄격한 의미에서 친족의 틀에서 벗어날 수 있다. 우리가 여러 차례 언급했던 두번째 방향은 사회 전체를 두 개의 카테고리, 즉 장자와 막내로 나누는 데 있다. 이러한 해석은 이러한 나이의 카테고리를 오히려 계급의 추상적인 카테고리로 재해석한 마르크스 이론의 대상이 되었지만, 장자 계급의 폐쇄된 특성의 상대적 가치밖에 인정하지 않는(절대성을 부인하는) 다이내믹한 비전을 주어진 나이가 아닌 지위(신분)에 해당되는 영원한 사회적 장자(예컨대 가계(혈통)) 카테고리를 정의하는 좀더 정적인 비전을 대립시킬 수 있다. 이러한 민족학은 불행히도 아주 남성적인 것으로 남았다. 왜냐하면 민족학이 장자나 막내를 검토하지 않았기 때문이다.

하지만 가장 독창적인 경우는 오히려 세대의 의미에서 이해된 나이 계급의 경우이다. 특히 동아프리카의 친족 체계에 비해 상대적으로 자율적인 부족들이(마사이·투르카나·오로모 부족) 이러한 체계를 알고 있으며, 사회 전체를 범주화시킬 수 있는 전원풍의 많은 사회 그룹이 엄연히 존재하고 있다. 이러한 체계를 정의하기 위한 어휘는 다양할 수 있다(나이 그룹과 이어서 나이 계급). 중앙정치 체계가 없는 사회에 존재하는 이러한 체계들은 두 개의 구성 양식을 알고 있다. 동일한 입문 사이클(cycle d'initiation)에 참여한 모든 사람들로부터 나이 계급을 구성하게 해주는 오히려 입문 양식에서, 동기(promotion)의 수는 동기를 지칭하는 이름과 마찬가지로 한정되지 않는다. 세대적(순환적)이라 불리는 또 다른 양식에서, 실제 나이는 세대의 나이이다. 말하자면 한 아버지와 한 아들은 동일 계급에 속하지 않는다. 이 두 경우에서 개인은 태어나면서부터 나이 계급에 속하며, 이 계급과 더불어 한 단계로 넘어가거나, 한 계단에서 다른 계단으로 넘어간다. 따라서 마사이족에서는 연속적이면서도 상이한 사회 기능을 정의하는 네 개의 계급이 존재한다. 즉 전사, 가장, 정치 책임자, 종교 책임자. 이러한 체계는 한 개인 생의 중요한 순간을 설명하고(결혼 나이, 종교 의식 능력, 어린이 나이) 계급의 위계와 소속의 동질성을 주어진 계급에 연결해 준다. 이러한 체계의 유지는 아주 독창적인 인식력 있고 동일한 메커니즘 덕택에 확보된다. 이러한 체계들은 동시에 구속력 있고 편광을 일으키는 어른들이(장자들이) 사건의 전개에서 개인이 영원하게 고도의 수완을 발휘하는 것을 금지하면서 막내들을(나이 어린 사람들을) 사회화시키는 이른바 집단 조직을 이용한다.

2. 사회 질서에서 정치 체계까지

2.1. 어째서 정치를 생각하는가?

　민족학의 계급 분류와 비교주의적인 이중의 전통은 사회 조직 형태와 좀더 정확하게 사회 정치 조직 형태의 엄청난 증가의 원인이 되었다. 구체적인 유형 분류가 친족, 경제 또는 종교에서 여전히 존재한다. 땅에 대한 연구와 오히려 기능주의[46]라고 자청하는 영국의 인류학적 성찰의 발달 덕택에 정치가 어느 정도 자율적이 된 것은 바로 1930년대부터이다. 정치 체계의 경우에서 우리는 모든 이론을 함축한 가정이 1970년대까지 정치를 통합한 기능 전체로 생각하고, 문화 질서를 유지하는 기계와 문화의 위계화와 재생산의 메커니즘으로 생각함에 따라 더욱 광의의 유형 분류에 아주 종종 관계한다. 하지만 18세기 철학자들의 인류학자로서의 정치적 뿌리(전제주의와 반계몽주의에 대한 비평)를 잊어서는 안 되며, 이와 마찬가지로 역사성이 국가 기원의 탐색을 시도한 19세기 진화론이나 분포주의의 명백한 역사성을 또한 잊어서는 안 된다.

사회 조직은 기관의 총체(스펜서)나 오히려 구조의 총체(래드클리프-브라운)로 정의되어질 수 있다. 가장 알려진 모델 중의 하나는 분할 사회의 기계적 연대를 현대 사회 기관의 연대와 대립시키고 있는 《노동의 사회분할》이란 책에서 뒤르카임에 의해 제안된 모델이다. 또 사회 조직의 또 다른 모델들이 햇빛을 보았으며, 이 모델들은 일련의 기능이나 서열의 강조(문화적 반박, 사회적 계층, 생산 양식), 그룹 사이에 연결된 그룹의 총체(가계, 특권 계급, 계급)를 가장 중요한 위치에 놓는다. 그렇지만 이러한 다양한 접근은 공통으로 문화적 · 사회적 총체와 권력의 조직 양식과 표현 양식 사이의 명확한 관계의 존재를 확인시키는 사실을 공통으로 한다. 모든 이론적 관점 사이의 주목할 만한 반박에도 불구하고, 이러한 관점들을 보충적인 것으로 간주하는 것이 좋을 것이다. 정치인류학, 왜냐하면 이것이 이 학문에서 통용되는 용법의 용어이므로, 일종의 상식의 심리학에 빠

----

46) 에번스-프리처드(E. E. Evans-Pritchard)와 포르테스(1964), 글럭먼(Gluckman)(1965), 리치(Leach)(1972)를 참조할 것.

져 버릴 위험으로 인해 전체론적이고 역사적인 관점을 보존해
야 한다(베일리, 1971). 가장 위대한 이론적 절차(진화론·기능
주의·마르크스주의)는 국가의 형태를 일부의 문화적 형태가
눈에 띌 정도로 부족하다고 하더라도(북아메리카·아마존·오
세아니아 주) 자신들의 분석에 통합했다. 물론 권력의 또 다른
비전을 희망하고 《국가에 대한 사회》(클래스터, 1974)를 선호하
는 **국가를 알지 못하는 사회 관계에 더 높은 가치를 부여하는
것**이 가능하다. 하지만 지방색(특정 장소) 정치(지역 수준의 정
치)에 집착하면서, 인류학은 비교와 변화를 생각해야만 한다.
게다가 그 방법은 전문가들이 검은 대륙 아프리카에서, 인도에
서 그리고 또 다른 곳에서 정치 분야의 구체적인 현대성을 분
석하기를 원했을 때, 정치학의 전문가들을 유혹할 수 있다.[47] 하
지만 역설적으로 아벨레스[48]가 욘(1989) 지방에서의 1989년 국
회의원 선거나 유럽의 일생을 기술했을 때, 아벨레스에게 영감
을 준 것은 오히려 상징주의적 사조와 표현이었다.

2.2. 국가 체계의 다양성

우리가 정치의 영도(零度)에 대해 말할 수 있을까? 권력, 정확
하게 정치가 출현하기 때문에 우리가 정치의 탄생을 관찰할 수
있는 상황이 존재하는가? 그렇지 않으면 이와 반대로 질서, 질

---

47) J.-F. 베이야트(Bayart)의 연구서들과 《아프리카의 정치학》(1992) 잡
지에 실린 연구자들의 연구서를 참조할 것.

48) 국립과학연구소(CNRS)의 '사회 조직과 제도인류학 분과위원회' 위
원장으로 《인류학, 유럽과 도시》(파이야르, 2000), 《국회의 민족학자》(자
콥, 2000) 등의 저서가 있다. [역주]

서의 유지, 투쟁 규칙이 모든 단체생활, 모든 사회에 동질체이기 때문에, 정치를 여러 개의 이론으로 이해하게 내버려두는 것처럼 모든 것이 문제없는 정치적 본성인가? 사회생물학에서 기능주의까지, 더욱이 마르크스주의까지, ‘모든 정치’의 해석은 많은 대가를 갖고 있다. 진화론적 학파에 대해 말하자면, 특히 미국의, 이 학파들은 오늘날 ‘정치 지배와 사회 발전’ 사이의 관계를 강조한다. 좀더 근본적인 방법론적인 비평은 민족분류학적 자질에 질문하고 이 영역에서 그토록 표명된 서양-중심의 편견에 문제시한다. 따라서 스티븐슨이 그 유명한 《아프리카 정치 체계》에서 국가에 관계된 여러 경우가 실제로 식민지 정복에 의해 야기된 최근의 변화의 결과였다는 사실을 약 30년 전에 보여줬다. 반면에 국가가 없는 여러 예들은 통합 기구의 역할을 대신하는 의식적이거나 경제적인 제도를 알고 있었다는 사실을 보여줬다.

인류학은 종종 경솔하게 기능주의 형태의 반사 작용을 적용한다. 그런데 이 반사 작용에 따라 하나의 구조가 조정되거나 모든 다른 구조를 조정하거나 대표해야 한다. 하지만 피에르 클라스트르의 의견에 동의할 경우, 한 사회가 발아 상태의 국가 권력의 성숙에 대항하여 의식적으로 조직될 수 있을까? 아벨레스는 가까이에서 국가의 망상을 조사하고 다음과 두 개의 패러다임이 존재할 수 있다고 결론지었다. 즉 사회에서 정치의 뒤얽힘의 패러다임과 정치 생성의 패러다임(국가를 지향하는 불가피한 발전이 함축된)(1990). 하지만 만약 우리가 정치의 보편성을 선택한다면, 그렇다고 해서 정치를 모든 것에 적용해야 하며 권력을 일종의 대리인으로 일종의 지배로 구상해서는 안 된다. 실제로 그러한 절차는 특별히 추장제가 합의와 민주적인 방식

으로 행사되는 것처럼 보이는 소규모의 사회에서 정치의 설명
에 아주 잘 적응된 것처럼 보인다. 그렇다고 해서 이러한 루소
주의가 미국인 N. 채넌에 의해 '원시 부족'이라고 간주된 베네
수엘라의 야노마미 전문가인 리조에게서 재발견된다고 해서 파
롤에 대한 클라스트르의 민족학을 믿어야 하는가! 부족의 과학
적 전통은 동일하지 않으며, 이 유일한 예시는 철학적이거나 이
데올로기적인 비평을 방법론적 해체에 연결시켜야 한다는 사
실을 보여준다. 이 정확한 경우에서 레비스트로스의 남비크와
라 부족에 대해 잘 알려진 예를 환기해야 하는가? 예컨대 "나
는 가장 단순한 표현으로 축약된 사회를 찾았었다. 바로 남비
크와라 사회는 내가 단지 남자들만을 발견했을 때, 그러했었다"
(1955, p.284).

미국인 J. 스튜어드, E. 서비스 또는 M. 프리드의 신-진보적
인 견해는 환경에의 적응, 따라서 존재 수단과 인구의 규모가
다소간 서열화되고 복합적인 사회 전체의 가운데서 표명되는
문화생태적 접근에 기초하고 있다. 가장 고전적인 모델은, 우리
가 여기에서 아주 체계적인 방식으로 환기하는, 모두 다 사회
역사적 형태인 네 개의 기준을 포함하고 있다:

— 한패(무리)는 가족에 근거하며 평등하게 기능한다(캐나다
의 연구소, 보츠와나의 쿵 보시맨 부족을 보라).

— 부족이나 지역의 그룹은 때로는 평등 사회에서 때로는 계
급 사회 사이에서 서로 다르다: 부족은 마을의 형태로 조직될
수 있지만 권위나 연장 서열은 병합 가능하지도 않고, 양도할
수 없다. 검은 아프리카의 분할되고 동일 가계의 사회는 좋은
예를 구성한다(나이지리아의 티브 부족 또는 대서양의 솔로몬 군
도의 티코피아 부족).

— 추장 제도는 어느 정도 중앙집권화되고 개성화된 정치 기구를 승인하며 수천 명을 아주 계층화된 사회 조직에 재결집시킬 수 있다. 질서 유지, 생산과 의식활동의 규제는 분리되어 있고 특별한 역할의 원인이 되며 전문화된 그룹의 출현을 조장한다(카메룬의 바미레크나 바뭄과 같은).

— 마지막으로 중앙정치 제도(왕정과 특히 신성화된 왕정, 즉 봉건국가 형태의 절대왕정)가 동시에 거의 관료적 성격으로 전문화된 기구로 다소간 기능적이며, 계층화된 분할과 일련의 정복과 인류적이거나 문화적인 지배의 사회사를 읽을 수 있는 영토 분할(코트 이브와르와 가나의 아스한트, 아브론과 비르마니의 카친)과 동시에 종종 투쟁 관계에서 공존함에 따라 과거를 돌이켜 보아도 정의하기가 아마도 어려운 국가이다. 물론 국가의 인류학은 대문화의 국가를 참작하기에 이르기도 하며(잉카제국, 중국, 이집트, 인도), 19세기 서양의 현대성에 근거하는 국가를 참조하기도 한다.

국가라는 고정관념은 틀림없이 자기 민족중심주의의 현상이지만, 오늘날 야노마미·누어·카나크 또는 이누이트 부족들이 국가 차원의 정치의 장, 더욱이 국제적 차원의 정치의 장에 참석하는 것에는 변함이 없다. 이러한 새로운 현대성의 척도로 이들의 옛날의 민족 분류를 다시 읽는 것이 중요한 게 아니라, 어떻게 현대사가 이들의 정치를 리모델링하는 것을 이해하는 것이 중요하다. 왜냐하면 이곳에도 이미 그 정치가 존재하고 있었기 때문이다.

2.3. 투쟁에서 변화로

질서를 단수(질서의 유지, **어떤** 질서의 유지)로 말하거나 또는
복수(그룹의 계층화)로 말하는 사람은 아주 자연스럽게 무질서
를 생각한다. 즉 질서의 해체, 기능 장애 또는 투쟁. 부부나 가
정의 질서를 속박하는 부부싸움에서부터 전쟁과 군대의 폭력
에까지, 가족 그룹 사이에서의 중요한 투쟁에서부터 남용으로
간주되는 권력의 재정적이고 부족적인 부당 징세에 이르기까
지, 모욕에서부터 의식적이고 상징적인 위반에 이르기까지, 즉
규범과 고통의 게임에서, 사물들의 질서의 합법성을 강화하는
모든 지배가 속박하는 상호성에서 보이는 것은 바로 사회적 총
체이다. 모든 사회의 영속성을 보장하기 위해서는 부조화와 과
오를 통제해야 하고 제재해야 하며, '악'을 속죄해야 하며 사리
에 맞고 의미심장한 형벌을 정의해야 한다. 가정과 마을의 '평
화'는 권리와 의무의 재정비에 대한 그 어떤 환기를 현실화하
는 영원한 공모의 결과물이다.

법해석과 구두 전통의 이러한 넓은 장은 법률인류학을 구성
한다. 일부 사람들에게 있어, 이것은 학문의 가장 오래된 전문
영역 중의 하나이다. 왜냐하면 19세기의 많은 인류사상가들은
법률가들이었거나 법률적 범주를 수단으로 성찰했기 때문이다
(메인 · 모건). 이러한 자기 민족 중심의 개념은 규범의 질서와
그들의 상벌이 명백하게 법률적이고 법정의 기능이나 제도보
다 체계화의 정신에 의존함에 따라서, 오히려 일종의 응용과학
의 일종인 법률과학으로 법률인류학을 정의하기에 이르렀다
(룰랑, 1990).

　이러한 실용 법률인류학을 시작한 사람은 다름 아닌 말리노프스키이지만, 더욱이 아주 기능주의자이기도 한 그의 저서 《미개 사회의 범죄와 관습》(1926)에서 출발한다. 정의와 상벌 양식의 탐색을 구성하는 것은 바로 논쟁, 보복(상호성에 의해 집단적으로 인정된 개인의 정의와 같은), 이 경우 주어진 정치 영역 내에서의 투쟁이다. 식민지(예컨대 영국이나 프랑스) 체계 내부에서 관습법으로 된 관습의 변형은 아마도 그때그때 상황에 따라 이루어지는 명백한 실행에 불과한 것을 체계화하는 데 널리 공헌했다. 게다가 좀더 일반적인 방법으로 '정의'는 마술을 가리킬 수 있으며(따라서 마술에 대항하는 투쟁을 가리킨다), 신의 분노를 가리킬 수 있으며, 재정돈의 목표가 개인의 처벌을 능가하는 더 넓은 총체 속에 위법 행위를 삽입하는 실천을 가리킬 수 있다(우리에게 역설적으로 더 죄가 있어 보일 수 있는). 하지만 오늘날 그 어떤 사회도 유엔의 전문화된 기구에 의해 적용받는 현대적 법률 개입의 보호하에 있지 않다.

　민족학적 상상력(식민지 개척자와 정복자들의 환상의 결과로)을 표시하는 투쟁 형태들 사이에 전쟁이 물론 존재하지만, 조직화된 폭력의 사용이 무엇보다도 명백한 문화적 규칙에서 생김에 따라 이러한 대치 장르의 군사적인 이미지는 특별히 혼란에 빠져 있다. 브라질의 투피-구아르니 부족의 의식의 관련된 식인 풍습의 종극 목적을 띤 전쟁의 경우에서부터——한스 스타덴(1557)의 모험이 증명하고 있는——인종 지배의 전쟁과 17-19세기 아프리카 대왕국의 노예와 상업의 종극 목적에 이르기까지, 사람들은 근대 및 현대 유럽에서처럼 순수하게 영토적이고 이데올로기적인 투쟁이 존재하지 않는다는 사실을 주목한다. '평화적인' 영토의 배치, '사회적 동화'의 탐색(친족의 인구 정책의 탐색은 '야만적인' 야노마미 부족에게서의 여성들의 유괴를 설명한다)은 전쟁이 다른 활동과 마찬가지로 규칙화된 사회활동이라는 사실을 환기시킨다. 전쟁은 국가 생성의 한 부분을 이루지만, 우리가 바쟁과 테레의 의견을 따른다면(1982), 이것보다 한 차원 더한 것이다.

분할된 가계 구조의 사회는 비록 이 사회가 '책임자들,' 나아가 우두머리를 인정할 수 있다고 하더라도 국가로 이루어진 사회가 아니다. 우리가 여러 번 되풀이한 유형학의 불합리는 이 사회의 정적인 특성에 있다. 왜냐하면 이 사회는 우리들에게 구체적으로 한 범주의 사회에서 다른 범주의 사회로 넘어가게 할 수 있는 변화가 어떻게 작용하는지를 설명할 수 없기 때문이다. 고고학이나 역사인류학만이 우리들에게 사회 형성의 실제적 발전을 해부하도록 도와준다. 따라서 국가는 무엇보다도 영토적 현실이지만, 대부분의 알려진 경우는 종종 권력의 아주 중앙집권적이고 계급화된 구조 가운데서 권위의 재분배의 가족적 메커니즘의 결정적 역할을 증명하고 있는 반면에, 지배자가 되는 것이 바로 정복자인 경우이거나, 친족 관계가 그룹의 지배 관계, 초-가계적인 권위의 기능에 자리를 양보한다는 사실을 원하는 제안이라는 사실은 무엇을 말하는가? 요컨대 용어의 식민지 이전의 의미에서 국가는 땅 연구의 대상이 전혀 아니었다. 물론 역사적 재구성이 연구자에 의해 수집된 구두 전통을 수정하지만, 이 연구자는 정치적 자동 변형의 현상을 결코 관찰할 수 없다. 국가는 정복의 열매를 강요하지 않지만, 오랜 시간의 결과, 다-인종(설명을 도식화하기 위해서는)과 단 인종이 아닌 개방 정치 공간의 인류학의 결과이다. 약 15년 전부터 특히 점점 더 인류학적 접근과 역사적 접근을 구별하는 일이 어려워지는 아프리카의 연구 가운데서 윤리적 제조에 관한 토론이 정치 문제와 근대국가와 마찬가지로(식민지와 후기 식민지) 고대국가의 정치 문제, 마침내 영토·문화·동질성의 문제에 접근하도록 해준다. 하지만 한 개의 영역이 여전히 이런 상황에도 불구하고 부재하는데, 이것은 바로 정치를 만드는 개인적이거나 집단적인 정치 행동의 문제이다. 실제로 광정치 이론은 체계의 일상적인 기능, 행위자들의 역할, 결정과 반결정의 무게를 설명할 수 없다.

인간의 진화를 현대와 국가를 향한 자의적이거나 비자의적인 절차로 종종 해석하는 인류학자들은 유형학과 모종의 문화적 상대주의를 수단으로 국가-민족은 결국 하나의 특수한 경우, 즉 유럽 역사의 경우에 불과하다는 인상을 줄 수 있었다. 여기에서 국가, 결과적으로 특히 정치에 적용되던 불분명한 인류중심주의에 대항하는 1970-80년대의 비평이 나온다. 오늘날 이 유명한 국가-민족(적합하고 구조화된 국제 질서에 다시 관계되지 않을 때!)의 그늘에서 현재의 정치인류학에 대한 환상을 깨고 다시 읽어야 한다. 이미 부족 사회라는 용어는 국수주의적이고 자치주의적인 반작용을 수단으로 원시적이라고 불리는 부족을 변형시켰다. 부족(그리고 특히 그 영어 대용어 tribe)은 오랫동안 아주 상이한 정의를 참조해 왔다. 우선 원시 사회의 동의어인 이 용어는 분할 가능하고, 가계적인 일종의 사회를 의미하는 것으로 사용되어 왔다. 부족은 모어 부족에서처럼 영토적 동질성(그 분할과 분절의 양식으로 인해)에 대한 방어(군사적 방어를 포함하여) 양식을 경우에 따라 소유하고 있는 강한 응집력을 가진 사회의 총체이다.

20년 전부터, 세계인류학의 제일 중요한 플랜을 차지하고 있

민족의 의미

민족 그룹은 무엇보다도 부족 사회나 부족과 동가였다. 말하자면 구두전통에서 소규모 사회를 지칭하는 한 종(種)에 특이한 용어였다. 민족 그룹은 어떤 점에서는 무엇보다도 땅의 연구영역이었고 여전히 이 영역으로 남아 있다. 즉 각 그룹에는 자신의 민족 그룹이 존재한다! 민족이란 용어의 사용은 좀 더 최근의 일이며 민족성의 회귀, 즉 ‘민족적’ 동질성의 의식으로 넘어간다. 도시 인구(인종 격리 정책이 취해지고 있는 지역)의 동질성의 사회 운동을 환기하기 위해 1970년대부터 미국사회과학에서 아주 인기 있던 의지나 문화 프로젝트(언어, 관습, 기원의 옹호와 같은)를 반영하고 있는 민족성은 어느 정도 민족이란 용어로 특성화되었다. 민족학에서 민족성과 부족주의(tribe라는 앵글로-색슨어 어원인)가 동가를 이루었다. 민족의 정형화에 대한 많은 분석들은 공식적으로 그룹을 움직이는 경계와 전통적이라기보다는 오히려 상대적인 동질성과 차별화하고, 범주화하면서 민족이란 말을 창안했던 것이 바로 다름 아닌 식민지 행정이라고 결론지었다. 민족은 작은 국가로 간주되었으며, 여기로부터 국가-민족의 현대성에 장애가 될 많은 민족적 투쟁이 야기되었다. 민족적 균일화는 실제로 일종의 조작이거나 이데올로기적인 제조이다. 민족적인 것은 바로 독창성이 나타나는 동일한 언어적 표현, 동일한 신체의 기술, 동일한 의복, 동일한 음식, 동일한 결혼 규칙 또는 동일한 상징적인 의식이다. 문화적 규칙성이 존재하지만, 그 의미를 과장하고 본질적으로 서로 다르며 불연속인 것에 일목요연함과 실제적인 지속을 제공하는 것은 바로 근대 정치의 장이다. 민족 감정이 존재할 수 있지만, 민족은 그만큼 존재하지 않는다. [49]

는 것은 바로 민족성과 민족의 개념이다. ‘인종적’(아메리카의 흑인들) 또는 지역주의적(바스크 · 세르비아 · 스코틀랜드…)의 요구로 만들어진 현실의 한복판에서, 민족은 ‘전통의 재발명’ 의 한 형태를 표현했다. 점점 더 동질의 사회적 · 전통적 총체 를 이해하는 것이 어려운 것처럼 보이는 순간에서 인류학 대상 의 문화적이고 정치적인 재강독이 중요하다. 민족성의 개념화 를 부추긴 것은 바로 민족의 다양성, 따라서 타자와 중앙국가 에 직면한 민족의 의식에 대한 기술이다. 따라서 민족 개념의 정의는 아주 자연스럽게 계속되었다.

3. 생활수단, 교역, 상업

3.1. 경제인류학

옛부터 언제나 민족학은 기술적 수단, 노동수단 및 수완의 양 식에 대해 모종의 관심을 부여했다. 콜렉션과 박물관에 수집된 일부분의 물건들은 이러한 범주에 속하며, 비교 기술(테크놀로 지)은 틀림없이 가장 활동적인 하위-교과 중의 하나였다. 고고 학적이며 선사학적인 관점은 도구의 인간화와 발명에 대해 강 조하면서 이러한 방향 설정을 강화시켜 주었다. 하지만 거의 자 연주의자적인 이러한 호기심은(제조와 사용의 목록을 만들고 기

---

49) 암셀과 음보콜로(J.-L. Amselle et E. M'Bokolo), 《민족의 중심에서 *Au cœur de l'ethnie*》(파리, 라 데쿠베르트 출판사, 1985); 크레티엥과 프뤼 니에(J.-P. Chrétien et G. Prunier), 《민족은 역사를 갖고 있다 *Les ethnies ont une histoire*》(파리, 카르탈라 출판사, 1989).

술하는 것) 환경에의 적응과 이용수단의 효율성의 시작에서 사
회적이고 문화적인 성과를 한정하는 오히려 실증주의적인 정신
상태를 표현한다. 도구가 자연과의 관계 개선의 목적 중의 하
나와 같은 것처럼 이외에는 보이지 않는, 즉 지식과 수완이 사
회적 나아가 정치적 또는 의식에 관한 기구에 삽입되는 좀더 글
로벌한 관점으로 넘어가는 것이 필요하다(르루아-구랑, 1946,
1965).

분석의 전환은 경험주의적이며 동시에 이론적일 것이다. 실
제로 보아스는 **폴라치**[50]와 함께, 말리노프스키는 '쿨라(**Kula**)'
부족과 함께 원시 사회가 과시, 기부와 교역의 사회, 즉 꼭 필요
한 것을 초월해서 잘 생산하는 데 성공한 사회라는 사실을 보
여줄 것이다. 이들의 작품을 읽었고 민족학적 연구에 대한 백
과사전식의 지식을 갖고 있던 모스는 1924년 자신의 가장 유
명한 저서인 《증여론. 고대 사회에서의 교역 형식과 이성》을 발
간했다. 기부와 반기부의 이론은 상호성의 원칙에서 사회를 구
성한다. 완전한 사회적 사실은 교역이 단지 경제적이 아니며,
경제는 정의 그대로 유통, 재분배와 교역이라는 사실을 증명한
다. 원시 경제는 자치 경제가 아니다. 말하자면 원시 경제는 소
그룹과 이 그룹의 가까운 자연 환경 사이의 대면으로 이해된 자
동 생계수단을 초월해서 기능한다.

정식으로 경제학적 인류학이 나타나기 위해서는 1950년대를

---

50) **Potlach**: 북아메리카 북서 해안의 무역어에서 온 용어. 이 인디언의
표현은 재산과 양식의 분배와 재분배가 중요한 규모를 갖고 있는 의식의
총체를 지칭한다. 말하자면 기증자는 이 수단을 통해 좀더 상승된 정치적·
사회적 상태를 얻으려고 노력하는 기증자보다 더 수익을 가져오려고 노력
한다.

기다려야 한다. 여기에는 여러 가지 이유가 존재한다. 생산적 영역의 인식에도 불구하고 민족학은 사회학적이고 문화적인 설명에 우선권을 부여하며, '경제적' 접근에 관한 기술(techniques)을 기술하는 것에(땅의 전문적 저술의 영역에서) 만족하거나 또는 환경, 환경의 제약과 환경의 활용 조건을 비교하는 것에 만족한다. 1945년 이후 새로운 세계 상황을 통해 부과된 사회과학에서의 발전의 절차, 레비스트로스의 구조주의 분석을 통한 모스의 학설의 가정에 대한 재평가, 마지막으로 1960년대 인류학에서 마르크스주의 이론의 성공은 민족학자와 인류학자를 그때까지 전 자본주의나 생활수단으로 간주되어 온 사회의 가운데서 봉급 생활자와 화폐화를 통해 야기된 모순의 주변으로 관심을 움직이도록 하는 데 공헌한다.

교역은 도처에서 이루어진다. 즉 국제 경제의 간접적인 유가 증권에서, 노동 소송의 재조직에서, 상징의 정치 경제에서, 친족 관계에 관해서 상호성의 기능 자체에서. 하지만 교역은 생산 없이는 존재하지 않으며, 메이야수가 지적한 것처럼 "생산은 노동에 뿌리를 내리고 있다…"는 사실을 환기해야 한다(메이야수, 1977, p.15). 오늘날 인류학의 중요한 공헌 중의 하나는 바로 생산 형태의 풍부한 다양성과 모든 환경과 아주 대조를 이루는 사회 정치 조직의 양식에 의존하는 경제 체계에 대한 정확한 설명이다. 사냥, 야생식물 채취, 원예, 이동식이나 정착 농업, 낚시, 유목 또는 반유목, 장인활동 '서비스'를 포함하는(칭찬하는 사람, 치료사) 활동, 노동의 조직과 생산과 따라서 그 사용의 끝이 보이지 않는 리스트를 구성한다. 마찬가지로 민족학이 동반하는 기술의 변화와 사회의 변형을 직접 자료화할 수 있다. 다시 한번 말하지만 경제학적 민족학 그 자체의 최상에서 경제 민족학은 일종의 경제의 사회사이다. 1915-17년 사이에 말리노프스키에 의해 관찰된 '쿨라' 부족은 더 이상 존재하지 않으며, 모리스 고들리에가 1967년에 뉴-기니아의 '바루야' 부족의 땅에 도착했을 때 막 사라졌던 돌도끼의 정치경제학 이상은 아니었다. 자연 환경에 대한 관계와 생산 메커니즘과 교환의 장부에서 단번에 인구의 변화와 이주, 활동의 변화(유연성 있는 금리의 도입, 가뭄으로 인한 가축 임대계약의 소멸, 초기 자연 환경의 퇴화, 사냥과 낚시의 금지 등등)와 마지막으로 상호성과 기부의 화폐화를 기록하지 않는다는 것은 불가능한 일이다. 경제인류학은 만약 사람들이 절대적으로 처음부터 경제 현상의 '원시적'인 성격이나 전기 자본주의적인(옛 생산 방식의 모든 유형학을 발명한 마르크스주의 인류학자들의 기준을 사용하기 위해서)[51] 성격을 다시 발견하기를 고집한다면, 고고학이 되고 만다.[52]

3.2. 사냥꾼-채집가, (가축) 사육자

사냥꾼-채집가는 자연 세계에서 자원을 직접 채취하여 독점적으로 살아가는 자연 인간의 예로 남아 있다. 이 사회는 그 어

---

51) 가족의 생산 양식, 사냥의 생산 양식(Meillassoux), 가계의 생산 양식(P.-Ph. Rey et G. Dupré), 아프리카의 생산 양식(코커리-비드로비치(C. Coquery-Vidrovitch))을 볼 것.

52) 아프리카의 역사인류학은 그렇지만 이런 방향에서 훌륭한 연구를 생산했다. 올리비에 드 사르당(J.-P. Olivier de Sardan)의 《송헤이-자르마의 사회. 족장, 전사, 노예, 농부 *Les Société Songhay-zarma. Chefs, guerriers, esclaves, paysans*》(파리, 카르탈라 출판사, 1984)와 메이야수의 《전기 식민지 아프리카의 노예 제도 *L'Esclavage en Afrique précoloniale*》(파리, 마에스페로 출판사, 1975).

떤 경우에도 선사시대 이후 변하지 않은 사회의 동시대 유물이다. 왜냐하면 이들 사회 중의 많은 사회, 즉 중앙아프리카의 피그미 부족과 같은 사회는 농업 사회와 접촉하여 살고 있다. 이들은 중요 음식물을 채집해서 얻는다. 비록 남자들에게만 허가된(남성 전유물인) 사냥이 가장 가치 있는 일일지라도. 이들 사회는 단지 자신들의 이용 가능한 시간의 일부를 채집활동이나 사냥에만 할애하고 일부 민족학적 작업에 의해 전달된 이미지는 풍요 사회의 이미지이다(사린스, 1976). 캐나다의 이누이트 부족, 보츠와나의 보시맨(Bouschiman), 오스트레일리아의 원주민, 아마존 분지의 인디언들은 활용한 환경의 다양성을 증명하지만, 15세기부터 아메리카 인디언들의 인구사는 우리에게 종종 위선된 고대 모방이 문제가 된다는 사실을 확인해 주며(레비스트로스, 1958, pp.113-132), 이러한 사회들이 농업 경제와 심지어 정착 농업의 과거를 통해 알려질 수 있다는 사실을 확인해 준다.

목축-유목인구는 공통으로 반사막이면서 다소간 메마른 지역인——여기에서는 농사를 짓는 일이 어렵다——세계의 다른 지역에서 다시 발견하는 놀라운 문화적 적응의 또 다른 모델을 제시한다. 동물들의 가축화는 식물의 실용화와 동일한 지역에서 일어나지만, 경작지의 확장은 사육을 좀더 유목화하고 농업으로부터 분리하기에 이른다. 물론 목축 경제가 샤냥, 대상무역 및 국한된 오아시스 농업을 포함할 수 있다. 목축 경제는 단 한 마리의 동물(몽고 사람들의 야크나 라폰스 부족의 순록)이나 소, 염소와 양으로 이뤄진 조합에 근거할 수 있다. 이것이 바로 아프리카의 모어족(단봉낙타, 염소), 서아프리카의 퍼울족이나 동아프리카의 마사이족(소, 염소)의 경우이다. 하지만 최근 20년의 가뭄은 이들 사회를 심오하게 변형시켰다. 왜냐하면 이들은 가축 전체의 대량학살을 경험했기 때문이다. 가축에 고정된 사회적인 가치, 이들이 아주 통제하는 방식과 필경 경제적(농부들과의 교역)이라기보다는 좀더 사회적(결혼을 통한 교환, 정치적 조공(공물, 조세)) 이유로 인해 경작하는 사실이 재검토되었다. 고기의 소비는 특별한 경우에만 한정되었다. 이와는 반대로 소에 대해 말하자면, 우유와 피는 매일의 일용 양식으로 소비된다. 가축의 비축과 다양화는 동시에 기후의 요행(일기불순), 수역(獸疫)과 약탈에 대항하여 자신들을 보장해 주었다. 이러한 네발 짐승에 대한 축재는 재산과 자신과의 사회적 신분 상태의 이유를 가장 확실하게 보존하는 것이며, 영원하고 직접적으로 이러한 재산과 신분 상태를 보장해 주는 확실한 방법이다. 우리가 환기했듯이, 이러한 목축의 복합체는 보이는 것보다 훨씬 더 합리적이며, 민족학은 유목목축의 교역이 고대부터 존재한 지역 경제에 의존한다는 사실을 보여주려고 많은 노력을 했다. 이러한 인구들의 정착화(예컨대 국경을 넘나드는 유목의 금지)와 무역 경제의 발전은 도처에서 가장 독창적이며 아주 다이내믹한 문화의 경멸(케냐의 마사이족을 참고하라)로의 소멸이나 소외를 의미한다.[53]

---

53) 베르누스와 푸이용의(E. Bernus et F. Pouillon), 〈목축 사회와 발전 Sociétés pastorales et déveolppement〉, 《인문과학지 *Chahiers des Sciences*》 (ORSTOM)(26권, 1-2호, 1990)를 보라.

3.3. 촌락 공동체와 경제 변화

민족 문학에 기술되어 있는 사회의 대다수가 농업에 의해 지배를 받고 있는 것은 분명하다. 지리적 환경의 정비의 다양성, 사회 조직의 변화는 기술적 창의성, 즉 생태학적 지식으로까지 아주 나아간 단계를 증명하며 결과적으로 자원 개척의 최적 양식을 증명한다. 게다가 사회 계급의 탄생과 소수의 비생산 인구를 유지하게끔 해주는 전문화된 기구(관료 제도, 군대)가 찾을 수 있는 것은 바로 여기, 즉 생활수단인 재산의 생산 조직에서이다. 이 경우 재산, 약탈과 노예 제도는 '정치적' 축적에 필요하다.[54]

하지만 마을과 같은 정착된 커뮤니티는 이러한 광의의 경제, 정치적 문맥과는 별도로 연구하기에 이른다. 이러한 사회들은 무엇보다도 문자, 지난 과거 또는 의식적이며 상징적인 체계의 아주 궤변적인 단계가 단지 아주 오래전부터 자신들에게만 관계하고 있음에 따라서 경제적·사회적 조직의 모델 중의 하나가 되었다. 친족과 경제가 밀접한 관계를 명백하게 설명하는 것은 바로 이 커뮤니티의 담화에 관해서이다. 예컨대 마르크스주의에 영감을 받은 민족학자들은 이 담화에서 가계 생산의 양식을 공들여 만들기조차 할 것이다. 노동 소송의 조직, 생산(단순 생산 또는 복합 생산)에서의 협력 조직, 땅과 인간 노동력인

---

54) 라틴 아메리카와 중앙 아메리카의 고대 사회들(잉카·마야·아즈텍), 아시아의 고대 사회(크메르·중국)는 특히 역사학자들과 고고학자들이 일할 수 있는 데이터의 중요성으로 인하여(폐허, 문어 자료 등) 역사학자들과 고고학자들의 관심을 끌어왔다.

생산수단에의 접근의 통제의 메커니즘, 여성들의 아주 제한된 독립, 생산의 사회적인 궁극적 목적(지참금, 의식)은 문자 그대로 그룹으로 확대된 재생산의 영역에 생산을 용해시킨다. 메이야수와 테레에 의해 연구된 코트-디부아르의 구로 부족과 디다 부족의 예는 이러한 접근의 기초를 제공한다. 하지만 전문화된 재산의 교환은 사회에 존재한다(철로 된 발에 차는 고리, 지참금용 구로족의 장신구).[55] 상업 유통의 존재(전식민지에서 기원하는)는 엄격하게 경제의 가부장적 개념을 확장하게 해준다. 역사가들의 어쩔 수 없는 형세에 의해 동등해진 민족학자들과 인류학자들은 노동력의 구성 요소와 마찬가지로 무역의 대상, 따라서 전쟁의 전리품의 구성 요소로 전식민지 노예 제도의 엄청난 중요성을 재발견한다. 농업 사회와 정치-경제의 상층 구조의 병렬은 당시의 마르크스 개념, 아시아의 생산 양식 개념의 차용을 설명한다.[56]

아주 빨리 이러한 민족학은 통화, 무역, 봉급과 자본 경제에 의해 도입된 변화를 참작한다. 게다가 '전자본주의적' 역동성이 관찰된 것은 바로 이러한 변화 가운데 자체에서이다. 여기로부터 종종 현재의 현상들의 기원을 확인하는 일의 어려움이

---

55) 특히 메이야수의 《코트 이부아르의 구로 부족의 경제인류학. 생존 경제에서 상업 농업까지 *Anthropologie économique des Gouro de Côte d'Ivoire. De l'économie de subsistance à l'agriculture commerciale*》(파리, 무통 출판사, 1964)를 읽을 것.

56) 역사가인 코커리-비드로비치(C. Coquery-Vidrovitch)는 국가와 무역을 먼 거리에서 연결하면서 개념을 '아프리카화한다.' 국가, 무역과 예속 사이의 관계에 관한 예의 연구는 테레의 《기야만 왕국의 역사. 그 기원에서 식민지 정복에까지 *Une histoire du royaume abron du Gyaman, Des origines à la conquête coloniale*》(파리, 카르탈라 출판사, 1995)의 연구이다.

나오게 된다. 마을(촌락) 경제나 '부족' 경제의 식민지적 · 국가적 · 국제적 영역은 무시할 수 없는 것이 되었다. 예컨대 이것이 바로 우리가 연구한 세네갈의 무리드 부족의 신심회(이슬람교도) 기능의 경우이다. 월러프 원주민과 프랑스 군대 사이의 강렬한 군사적 대치가 치열하던 19세기말에 설립된 이 신심회는 종교적인 열렬한 선전열의 평화적인 양식 위에(성인들, 성자와 신자) '전통적인' 계층(특히 '귀족,' 농부와 노예를 포개는)을 재구성하였다. 물질적이면서 동시에 상징적인 교환이 개인적으로 아주 제한되었지만, 단체적으로 가장 의미심장한 현물이나 현금으로 잉여금을 제공하면서 노동 시간에 일하는 사람들과 공동 사회의 종교적이면서 동시에 도덕적이자 정치적인 책임자들과 기도하는 사람들 사이에서 만들어졌다. 우선 이주해 온 젊은 사람들로 구성된 이 공동체(신심회)는 1920년대부터 마을(촌락)로 변했다. 이 신심회는 신자들을 비롯하여 경제 자원과 정치력으로 축적되었다. 제1차 세계대전부터 식민지 권력에 불가피한 상호 대화자로 인정받은 이 신심회는 1960년에 정치적 독립에서 세네갈 대통령의 권력에 이르기까지 간접적인 수단 중의 하나가 되었다. 1980년대까지 세네갈의 제1자원이었던 땅콩 생산자들이었던 무어의 농부들은 발전수단을 광범위하게 이용했다. 하지만 20년 전부터, 무어족의 경제는 무엇보다도 도시화했으며(중요한 이주가 된 가뭄과 땅콩의 위기[57]), 그

---

57) 성지인 투바(Touba)는 세네갈의 제2도시가 되기조차 했다. 베르트랑과 뒤베르송(M. Bertrand et A. Dubresson)이 쓴 《북아프리카의 중소 도시 *Petites et moyennes villes d'Afrique noire*》(파리, 카르탈라 출판사, 1997, pp.179-203)에 소개된 세이크 기예(Cheikh Gueye)의 〈투바: 도시화된 성자 Touba: les marabouts urbanisants〉란 논문을 참조할 것.

이후 오늘날 국제적인 도시가 되었다(밀매무역, 비형식적 경제 및 유럽에서 소도매).[58] 무엇보다도 이슬람 신심회로 남아 있던 것(메시지와 동원의 형식 자체와 더불어)의 놀라운 경제 변화(뉴욕과 홍콩으로 통하는 국제적인 조직망에 공동체적 자치의)로의 적응은 문화·사회·정치 및 경제의 열성의 총체인 '인류학적' 상호 침투를 확신시켜 준다. 한 세기에 관한 이러한 역사는 우리들에게 현대화의 낡음과 개혁이나 경제의 영원하며 피할 수 없는 세계화의 '해석'에서의 사회적 관계의 중요성을 확인해 준다(코팡, 1980).

---

58) 에벵(V. Ebin)의 저서를 참조할 것: 〈새로운 '생선'을 찾아서. 위기의 시대에서 상업적 전략 À la recherche de nouveaux 'poissons.' Stratégies comerciales par temps de crise〉, *Politique africaine*지(1992년 3월, 45호, pp.86-99)와 그레구아르와 라바제(E. Grégoire et P. Labazée)가 공동 집필한 《서아프리카의 위대한 무역상들. 현대 사업의 논리와 실제 *Grands commerçants d'Afrique de l'Ouest. Logiques et pratiques d'un groupe d'afffaires contemporains*》(파리, 카르탈라 출판사, 1993, pp.101-123)에 소개된 〈마르세유와 뉴욕에서 신음하는 무역상들. 정착의 전략에 관한 시선 Les commerçants mourides à Marseille et à New York. Regards sur les stratégies d'implantation〉을 볼 것.

4

문화와 상징, 의식과 랑가주

사회와 문화를 상보적인 방식으로 대립시키는 것은 편리할 것이다. 왜냐하면 인류학의 이 두 가지 1차적 개념은 바로 이 두 용어에서 공들여 만들어졌기 때문이다. 오래전부터 이미 토론이 논쟁조의 음색을 상실했으며, 프랑스에서 민족학을 구상하는 이러한 방식은(사회적이든 문화적이든) 항상 앵글로-색슨계의 별난 행위로 통했다. 마찬가지로 연구와 힘 있는 재구성 운동에서, 레비스트로스는 정의의 영역을 자신의 구조인류학의 대상이 아닌 개념으로 이동시켰다. 그렇지만 많은 영역들은 엄격한 의미에서 사회 조직에 의존하는 것처럼 보이지 않는다. 말하자면 문화·상징·의식·랑가주는 또한 지식이며 묘사이고, 코드이며 지성적인 실천이다. 어떤 서툶과 어떤 어려움으로 프랑스의 사회과학을 본다는 것은 오늘날 상호 문화를 구성하려고 노력하는 것이며, 민족학자는 바로 여기에서 학문의 국가적 전통의 객관적인 그 어떤 부족함의 결과를 재발견한다고 생각한다.

그렇지만 그 기원부터 가치·정신 상태·종교·상징·묘사의 영역을 유달리 눈에 띄게 하고 더 높은 가치를 부여한 프랑스 민족학은 아마도 모르는 사이에 인류학 중에서 가장 문화적인 학문으로 자리잡았다. 왜냐하면 프랑스 민족학에서는 특히 생의 방향의 제조와 전달의 목록이 중요하기 때문이다. 사회적·정치적·경제적인 관계의 좀더 표현적이지만 마찬가지로 좀더 비밀스런 측면을 탐험하기 위해서 사람들은 규범, 여론, 실천 사이에서의 해석의 영역, 관계의 영역, 개인(민족학자들의 구체적인 대화 상대자)과 집단——이들이 속해 있는——사이에서의 문제의 동가의 영역, '전통' 의 역할의 영역, 즉 세대를 가로지르는 사회적 재료의 쇄신된 생성과 인간활동의 자유 속에서의 견습의 역할의 영역에서 모험한다. 참조의 등급(또는 등급의 등급)과 같은 문화의 독특성은 기억과 발명 사이에서 담화의 구술적 특성의 내재적 변증법과 관련이 있다. 좀더 일반적으로 인류학은 공공 장소, 즉 공공 여론의 감정을 동시에 통일하고 구별하는 것, 상반된 제약 사이에서의 바로 중간치라는 문화주의에 의해 표시되어 남아 있다. 그렇지만 인류학의 문화는 오랫동안 연장자와 노인정치, 남성우월주의, 정상 상태의 문화였다. 인류학의 문화는 좀더 정확하게 땅에서 기회주의 대화자의 끊임없는 재발명, 그 유명한 '특권을 부여받은 정보 제공자들' 의 동업조합 담화, 거울 아마도 낯선 연구자의 선입견, 호기심, 환각을 변형시키는 것이었다. 문화는 무엇보다도 타자의 욕망의 투영이고, 중용을 만드는 방식이며, 차이를 초월하는 방식이다: 문화는 파헤쳐야 하는 가족의 비밀과 같은 것으로 생각된다.

문화는 도처에 존재한다. 왜냐하면 문화는 종종 문명과 동의어이기 때문이며, 문화는 생존과 가능성의 총체이며, 죽은 사물과 살아 있는 사물의 총체이며, 대상과 구두 표현의 총체이기 때문이다. 타일러는 《원시문화》에서 다음과 같이 쓰고 있다: "가장 광범위한 민족학적 의미에 포함된 문화란 단어는 과학·신앙·예술·도덕·법률·관습을 비롯하여 사회적 상태에서 인간에 의해 획득된 다른 능력과 습관을 포함하는 이 모든 복합체를 지칭한다"(1871). 하지만 제도적이며 범주적 문화가 병렬하고 있는 좀더 사회학주의적인 관점이 이 광범위한 관점을 계승한다. 따라서 1974년의 《재창조의 인류학》이란 책(하이메스 편집)에서, 두 단원이 지배문화와 권력의 문화에 계속하여 할애되어 있다. 페미니즘에 의해 영감을 받은 일부 인류학자들은 이러한 개념을 다시 문제 삼기에 이르기까지 하며, 지배적이며 남성 위주였던 문화에 **대항하여** 글을 쓸 것을 제안하기에 이른다.

오늘날 서로 다른 인류학의 전통은 **상징적 인류학**의 가운데서 서로 잠정적으로 만난다. 문화를 표현하거나 실제적으로 만들게 될 것은 다름 아닌 상징들이다. 실제로 상층 구조나 하부 구조를 분리하게 될 마르크스주의나 세상의 해석에서 정치적 전략의 역할을 거부하는 구조인류학의 재검토는 사회에 의해 문화를 설명하는 편리한 이원주의 종말을 의미할 것이다. 1980년대 새로운 대체가 문을 연다. 즉 민족학이 문화의 영원한 다시쓰기에 불과하다는 대단한 상징주의로의 대체이거나 이와는 반대로 관념-논리학의 탐색에로의 대체(오제), 아울러 이상의 한 부분을 포함하는 현실에로의 대체(고들리에)이다.

변증법은 논리적으로 또는 역사적으로 묘사·해석·행동 양식과 기능과 변형의 메커니즘을 다시 연결한다. 이러한 위상 중의 하나를 연구하면서, 사람들은 강압적으로 또 다른 위상에 그리고 상호적으로 서로 애착을 느낀다. 편애와 편류가 빛을 보며 프랑스에서 기호의 의미에 우선권을 주는 것처럼 보이거나 미국이나 영국에서는 실천의 의미가 빛을 본다. 어쨌든 이 하위 학문의 광대한 장이 사회적 관계와 정치적 관계의 모든 습관적인 사회학적 표준을 재검토할 때, 아주 뒤죽박죽이 된 것은 사실이다. 정치적 묘사의 세계적 위기, 결핍과 소외의 상황에서 가속화된 사회의 재구성, 사회과학의 애매함의 악화와 같은 이 모든 현상은 신기하고 모호하며 불확실한 상징에 익숙하지 않은 중압감을 설명한다(블랑디에, 1985b). 관습처럼, 한편으론 예상하지 못한 대상들을 우상화하는 민족학자들이 존재하고, 또 한편으론 이러한 대상들의 상대적 가치밖에 인정하지 않는 사람들이 존재한다.

좀더 재치 있게 말하자면, 민족학은 민족학이 옛것을 가지고 새것을 만들 수 있다는 사실을 발견했다. 예컨대 전통은 사회 조직의 활발한 원동력이 될 수 있을 것이다. 사회와 문화의 친밀성을 제시하면서, 혼합주의적인 방식으로 묘사, 구조 및 실천을 접근시키면서, 민족학은 마침내 표현과 해석에 우선권을 부여하기에 이른다. 미국인 클리퍼드 거츠(1926)의 작품은 기초 문제의 눈에 띄는 명백한 이러한 쇄신의 완벽한 예에 속한다. 해석학과 문화적 현상학은 오랫동안 심층 사회 구조와 의미 생산의 메커니즘 사이에 설정된 관계에서 오히려 피상적인 것으로 나타날 수 있는 것에 원의(原義)를 할당한다. 동일한 측면에 사회 현상과 이러한 동일한 현상의 묘사법을 위치시키면서, '상징주의적인' 절차는 문화·종교·지식·권력의 원칙에 대한 자기들의 편애사항을 잘 드러내 보였다. 왜냐하면 민족학은 따라서 이미 본질적으로 해석이 되어 버린 것을 해석하는 것에 만족하기 때문이다.

1. 종교의 질서와 합리성

1.1. 초자연에서 의식으로: 종교

종교는 사회과학의 철학적 기원에서부터 문화 사회의 기능 분석에서 가장 변함없는 관심 중의 하나였다. 신성·초자연·신앙·신·교회·종교 의식의 개념과 이것들과 유사한 또 다른 개념들은 서로 구별되지만 어느 정도 이것들의 목적에서 서로 유사한 많은 성찰의 중심에 자리잡고 있다. 철학과 종교사는 무엇보다도 인간 본성에 대해 질문하고(영혼이 존재하는가?), 이어서 인간의 활동이 초월적인 규범들과 일치하는지에 질문한다. 18세기에서의 반계몽주의에 대한 투쟁은 편견을 만들고 조정하는 사람을 고발하는 정치사회학의 형태를 취하기조차 했으며, 종교를 목사와 교회 세력으로 축소하였다. 사회학이 만들어지던 기간은 따라서 사회적으로 (또는) 감정적으로 세상에 대한 지식과 사상의 실증적이고, 이성적이며, 과학적인 성격을 보충하는 무교가 득세했다. 이렇게 해서 인간성의 종교를 주창한 오귀스트 콩트가 등장한다. 뒤르카임 자신은 사회에서 개인들의 지지와 후원을 입은 집단적인 존경은 숭고함으로 통한다고 결론지었다: 상층 권력의 사회학화는 실제로 집단적이고 공통적이며 상층에 속하는 권력의 힘으로 된 신앙, 종교적 감정의 이교도화에 불과했다.

19세기 최초의 종교사회학자이며 종교사가들은 일신교에 이르는 발전을 더욱 가치 있게 하는(종종 아주 무의식적인 방식으로) 다소간 개혁적 체계를 공들여 만들었다. 원시 사회는 따라서 그 사회의 신앙과 종교 의식에서 특성화되었다. 왜냐하면 이러한 관찰자들(종교사회학 및 종교사가)은 종교 의식이 자기 민족 중심의 방식으로 아주 어렵게 종교의 범주 속으로 들어가게 했다고 평가했기 때문이다. 뮐러에게 있어 중요한 것은 자연스런 힘의 변모이지만, 최초의 신중한 이론적 노력은 애니미즘(정령 숭배)의 개념을 만들어 낸 영국 사람 타일러로부터 시작된다. 인간 신앙의 기초가 되는 것은 바로 영혼이다. 꿈의 경험은 영혼의 양분과 좀더 일반적으로 무생물에서 영혼의 존재를 믿게 하기에 이른다. 영혼과 인간 정신 사이의 동가를 설정하면서, 인류학자는 열등한 정기(精氣)의 범주를 신(神)-종(種)(divinités-espèces)의 범주로 이르게 하고, 마침내 이 신(神)-종(種)을 자연과 인간생활을 지배하는 신으로 이르게 하는 모델을 구축했다.

뒤르카임과 그의 협력자들(모스·위베르)은 사회학적 접근이 종교 현상 전체를 포함하고 이 종교 현상을 신앙과 확인 가능한 종교적 실천에 근거하고 있다는 점에서 좀더 사회학적인 접근을 선호했다. 마지막으로 민족학은 그리스-로마의 고대와 유대-그리스도 절충교에 대한 참조가 풍부하다고 하더라도 이러한 참조들을 널리 이용했다. 따라서 토테미즘·기도·희생은 뒤르카임이 《종교생활의 기초 형태》(1912)라고 명명한 것에 접근하도록 했다. 그는 "신앙과 신성시된, 즉 분리되고, 금지된 사물에 관계된 실천과 유대 관계가 있는 체계, 교회라고 불리는 도덕적 공동 사회에서 교회에 집착하는 모든 사람들이 신봉자가 되는 신앙과 실천"(1960, p.50)이라는 종교의 단순한 정의를 제공했다. 이러한 종교의 인류사회학은 직접적으로 그들의 논리에서 모든 형태의 신앙을 대조하는 장점이 있으며, 특히 이러한 종교를 사회적·문화적 조직의 총체에 다시 결합시키는 장점이 있다. 실제로 세 개의 커다란 영역이 종교의 민족학을 동원한다. 첫번째는 실제로 **세상에 대한 설명**, 즉 인간적·자연적·초자연적인(상상속의? 비이성적인?) 세계의 총체에 대한 설명에 근거한다. 이 장은 경험적이며 실천적인 지식, 신화적이며 마술적이며 과학적인 설명과 마지막으로 교육과 도덕적이거나 사회적이기조차 한 철학의 영역을 포함한다. 두번째 장은 ——뒤르카임과 그의 뒤를 이어 인류학의 위대한 전통이 이들의 배려의 핵심을 인정했던 영역으로—— **이데올로기**로서의 종교·문화·질서 또는 사회 통제의 이론과 실천으로서의 종교, 정치 요소로서의 종교에 근거한다. 발랑디에가 지적한 것처럼 "권력은 신성화한다. 왜냐하면 모든 사회가 권력의 영원성의 의지를 단언하고 자기 자신의 죽음의 실현으로서의 카오스로의 회귀를 의심하기 때문이다"(1967, p.119).

마지막으로, 세번째 장은 **종교 의식**의 장으로 무엇보다도 경험론적 탐색의 영역이 이에 해당된다. 이 장은 이 분야에서 내부의 심오한 변화를 부추겼고, '종교적인' 문제의 순수하고 단순한 붕괴조차 불러일으켰다. 명상적이면서 동시에 실천적이며, 종교에서 추상적이며 개인의 기호에 맞춘 자연, 제도화의 양식(교회의 생성에까지), 의식 절차의 시리즈와 수준 사이의 배열 관계, 이러한 관계의 요인에 관계된 전문화는 문화적이며 사회적 총체 속에 종교를 재통합시키는 것을 허락하며, 일반 문법으로서 모든 장르에서의 신앙과 실천을 구성하게 하는 마찬가지의 대상이다. 이러한 개념은 정확한 비율로 그때까지 종교적이라고 불린 현상들의 명상적 요구에 다시 이르게 한다.[59] 실제

---

59) 뒤르카임과 모스의 성찰의 모든 심리학적 영역을 잊지 말자.

로 어떻게 사람들이 찬동하지 않는 신앙, 묘사 체계, 해석의 양식을 이성적으로 분석하는가? 종교 의식이 부과하는 의미를 거절하는 것이 중요하다. 왜냐하면 인류학의 목적은 종교 의식을 견고하게 하지도 않고 약화시키지도 않으며, 따라서 보충 의미를 첨가하는 것을 금지한다. 왜냐하면 이론상으로 모든 이성적 설명은 그 또한 자기 자신의 의미를 만들어 낼 것이기 때문이다. 포스트모더니즘에 의해 영감을 받은 연구자들은 입문·견습·가입의 경험이 의미의 설명에 필요한 것이라는 사실을 제안할 수 있었다. 이러한 인류학적 증거의 극단적인 개성화는 그렇지만 보편적인 것으로 머물러야 하는 과학적 설명의 원칙을 마침내 재검토할 수 있도록 할 수 있다.[60)

1.2. 토템 숭배, 마술, 마법

종교민족학 유산의 총체를 다시 정리할 경우, 모든 가능한 종교의 기초를 세우는 일에 교감이 존재하지 않는다는 것이 명백하게 보인다. 물론 특히 뒤르카임에 의해 이론화된 성스러운 것/이교로의 분할이 결정적인 것으로 보일 수 있지만, 이러한 분할이 또한 상대적임에 따라서, 즉 사회 조직의 본질에 의해

---

60) 우리들은 이 문제에 대한 훌륭한 예를 올리비에 드 사르당의 〈믿음의 게임과 민족학적인 '나' : 종교적 이국주의와 민족-자아-중심주의 Jeu de la croyance et 'je' ethnologique: exotisme religieux et ethno-égo-centrisme〉(《아프리카 연구 잡지 Cahiers d'études afircaines》, 111-112, 1988, pp.527-540)와 스톨러(P. Stoller)의 〈진실의 이름으로 말하기 Speaking in the Name of the Real〉(《아프리카 연구 잡지》, 113, 1989, pp.113-125)의 토론에서 찾아볼 수 있다(또한 올리비에 드 사르당의 화답인 〈타자의 현실 Le réel des autres〉(같은 잡지, pp.127-135)이란 기사를 볼 것).

한정받음에 따라서 성스러운 것이 더욱 현존하거나 동질체일 (원시) 사회가 존재할 것이다. 첫번째 모델은 처음에는 북아메리카의 예시들에서 차용하고, 이어서 오스트레일리아의 원주민 사회에서 확장된 **토템 숭배**의 모델이다. 토템 자연의 측면에서 숭배 사회의 거부는 분명히 이러한 신앙 형태의 원시적이며, 최초의 특성을 확인해 준다. 레비스트로스는 자신의 비평적 파노라마에서 그럴 리가 없다고 결론지었다. 왜냐하면 "소위 토템 숭배는 이해에 종속되고, 토템 숭배가 부응하는 요구와 토템 숭배가 요구를 만족시키려고 노력하는 방식은 무엇보다도 지성적인 질서이다"(1962a, p.149)라고 말하고 있기 때문이다.

하지만 가장 민족학을 동원하는 것은 다름 아닌 **마법**(그리고 **마술**의 결과를 통해서이다)이다. 왜냐하면 마술은 진정으로 지배적인 '이데올로기적' 형태처럼 보이기 때문이다. 또한 마술은 실제로 세상에 작용하는 힘의 해석의 메커니즘을 다이내믹한 행동으로 파악할 수 있는 실천적이며 개념적인 커다란 총체를 구성하고 있기 때문이다. 이 현상들의 두 질서 사이의 상보성이나 지속성이 존재하는데, 이것은 우리가 민족학자들이 이것에게 적용한 처방을 조사할 때, 이 현상들의 두 질서 사이의 상보성이나 지속성에는 그 어떤 의심의 여지가 존재하지 않는다. 《마술의 일반 이론 개요》란 자신들의 저서의 결론에서, 모스와 위베르는 "마술이 한편으론 종교와 다른 한편으로는 기술과 과학과만 진정한 유사성을 갖고 있다"는 사실을 환기한다.[61] 마술은 하나의 결론을 향하고 있으며, 실용적이며, 자기 자신의

---

61) 모스의 앞에서 인용한 《사회학과 인류학 *Siciologie et Anthropologie*》의 pp.1-141, 인용문 p.134와 p.137을 참조할 것.

속박을 갖는 기술적 절차에 의미를 부여한다. 하지만 마술은 초기 사상의 형태와 같다. 말하자면 "우리들은 마술의 기원에서 기초부터 개인적인 양식이 되어 버린 집단 묘사의 초기 형태를 발견했다고 생각한다." 한 사물의 마술적인 자질과 마찬가지로 마술사의 힘을 커버하는 **마나**(mana)라는 멜라네시아어의 개념 분석은 그후에 뒤르카임에 의한 오스트레일리아의 종교 연구에서 되풀이될 것이다. 의미 기능을 이러한 개념(순수한 상태, 제로 상태에서 상징이 된)에 할당하면서 1950년부터 레비스트로스는 야생적 사고의 복합적 특성을 알린다. 이것은 말하자면 마술이 생성과 상징적 신앙에 관해 가장 자극적인 성찰 중의 하나를 불러일으켰다는 사실을 의미한다. 인류학자에 따르면, 종교는 따라서 '자연법칙의 인간화'이며, 마술은 '인간활동의 자연화'이다. 즉 이 경우 인간활동은 물리적 결정론의 통합체를 이루는 것으로 간주된다. 하지만 특히 "종교는 마술을 연루시킨다." "항상 두 개의 주어진 구성 성분과 그 용량만이 변하는 구성 성분"이 중요하다(1962b, pp.292-93).

마법활동의 또 다른 구성 성분이나 형태는 **요술**(sorcellerie)이다. 요술의 기능주의적 이론의 요소를 제공한 사람은 바로 말리노프스키와 특히 에번스-프리처드이다. 에번스-프리처드에 의해 1937년에 발간된 아젠드(수단 공화국의) 부족에 관한 연구가 그 효시이다. 에번스-프리처드는 이 책에서 영어의 **witchcraft**와 **sorcery**란 두 용어의 사용 덕분에 요술의 두 형태를 구별한다. 첫번째 요술은 행동하도록 타고난 능력을 참조하며, 의식이나 마법이 필요하지 않다. 반면에 두번째 요술은 견습의 결과에서 얻고 구체적인 형태와 수단을 통해서만 행동할 수 있는 자의적 실천이다. 하지만 이러한 구별은 종종 적용하기가 어렵다. 요술은 점차적으로 제1의 중요성을 갖는 인류학적 대상이 되었으며, 이것은 여러 가지 이유에서이다. 무엇보다도 '요술'의 사회적·치료학적·정치적 역할은 더 이상 서로 경쟁하지 않는다. 요술은 특히 역사적 상황의 조명을 받은 반영으로 보이기조차 한다.[62] 이어서 요술은 많은 이론적 쇄신, 즉 종교적 또는 인식론적 또는 심지어 사회정치학적이라고 불리는 현실에 받침점으로 사용되었다(사회적·개인적·집단적 질서의 균형). 마지막으로 요술은 '우리에게 진실로 간주되는' 현실, 즉 필수 불가결한 방법론적 혁명으로 분석 가능한 현실로 인식되었다. 라 마옌에서의 잔 파브레-사드의 연구는 요술의 존재를 밝혀 줬을 뿐만 아니라, 본질적으로 참여하게 될 이국적인 관찰의 그 터무니없는 거리두기 효과를 검토하게 되었다.[63]

1.3. 의식에서 신화로

자신의 저서 《민족학 개요》에서, 모스는 종교를 동반하는 신성한 것과 의무라는 특성을 통해 모든 종교 현상의 가운데에서 소위 종교를 가장 눈에 띄게 했다. 실천과 묘사의 일반적인 장

---

62) 그뤼에네, 문다 음밤비와 통다(M. E. Gruénais, F. Mouanda Mbambi et J. Tonda)의 〈콩고민주공화국의 '위대한 지도자' 들 사이에서의 구세주, 물신(物神)과 투쟁 Messies, fétiches et lutte de pouvoirs entre les 'grands hommes' du Congo démocratique〉(《아프리카 연구 잡지》, 137, 1995, pp.163-193)과 게에르(P. Geschiere)의 《아프리카에서의 주술과 정치 *Sorcellerie et politique en Afrique*》(파리, 카르탈라 출판사, 1995)를 참조할 것.

63) 그의 두 작품 《말, 죽음. 운명. 숲 속에서의 요술 *Les Mots, la mort, les sorts. La sorcellerie dans le bocage*》(파리, 갈리마르 출판사, 1977)(콩트르라(J. Contreras)와 공저)과 《신체를 위한 신체 *Corps pour corps*》(파리, 갈리마르 출판사, 1981)를 참조할 것.

은 민족학이 극단적으로 평화로운 방식으로 정확한 사회학적 범주와 관련하여 정의하는 예배로 조직화된다. 따라서 손으로, 구두로(기도), 부정적(터부)인 것이 될 의식 행위의 표를 찍는 것은 바로 의식 행위의 가운데서이다. 그 의미가 종교적 의미에만 속하는 의식은 따라서 모든 종교적 조직의 기초로 나타날 수 있다. 말하자면 의식은 존재하고 관찰 가능하며, 상징적인 형태로 '정신화하며,' 신성한 것과 이교의 대립을 현실화하는 것이며, 좀더 복합적이며, 거의 의식에 가까운 형태를 소유하는 것은 의식의 중요한 시간이다. 의식에 대한 최초의 총서 중의 하나를 설정한 사람은 게넵으로 그의 의식 행위에 대한 분석이다 (1909). 이러한 의식은 개인생활(탄생·사춘기·결혼·죽음)과 집단생활(농업의 캘린더)의 여러 단계를 명시하고 상징화한다. 의식은 분리, 즉 역전, 죽음, 부활과 마지막으로 사회 그룹에의 재집합 의식을 이용한 임시 여백의 설치(첫째 단계)라는 3중의 절차 사이에 사회의 새로운 개성을 만들면서 좀더 멀리까지 나아간다. 1950년대까지 인류학은 의식에 부차적인 기능을 할당했다. 안정 기능이란 영국 인류학자들의 이해의 센터가 변화(리치), 의식화의 투쟁(글럭먼)으로의 이동, 조직망(클라이드 미첼) 또는 사회적 드라마(터너)로의 이동은 의식을 민족학적 연구의 중심으로 위치시키는 데 공헌할 것이다. 투쟁의 형태에 의해 야기된 불균형은 시정되어야 한다. 의식은 사회 전체를 구성하고 동시에 재구성하는 묘사·결단·메커니즘의 전체를 표현한다. 글로벌하며 오히려 제도적인 관점(글럭먼은 정치적·법률적 영역에 특권을 부여했다)에서 사람들은 의식이 실제로 정의 수단과 공동 사회 구성원들의 사회학적 결집 수단이 된 좀더 상호 작용적이며 개성화된 개념으로 넘어간다. 하지만 의미는 상징들이 상징 사이에서 관계를 유지하는 것과 마찬가지로 동작주에 의한 상징의 조작으로부터 온다. 비록 의식이 그룹에 의해 느껴진 '도덕적 불편'의 결과라고 할지라도, 점, 요술 행위(법률적 · 정치적 질서의 좀더 '이교적'인 형태에 대해 말하지 않기 위해서)는 위기에서 이미 존재하는 사회 질서와는 아주 다른 질서를 수리하는 가장 유명한 수단들이다. 글럭먼에게 있어, 의식은 그룹의 도덕적 관계를 극적으로 표현하며, 사회 구조의 '근본적 부조화'를 감추게 해준다. 하지만 의식을 통해 처방된 역할의 강화, 신비적이거나 종교적인 설명들 사이에서의 관계는 의식을 무엇보다도 사회를 생산하고 재생산하는 기계로 만든다.[64]

제식(rite)에서 의식으로(rituel) 발전하면서, 구체적인 현상으로서의 의식에서 사회 전체의 현상으로서의 제식으로, 이어서 필수적으로 천성으로 의식화된 것으로서의 사회로 발전하면서, 사람들은 다시금 어느 점에서는 행동, 제도 및 파스칼의 신과 같은 상징이 도처에 동시에 그 어느 곳에도 존재하지 않을 확장된 개념을 가진 종교적(의식적) 조직의 제한된 개념으로 넘어간다. 실제로 오제가 신과 제식에 관한 텍스트 선문을 소개하는 장의 결론에서 주목한 것처럼 사람들은 목록을 변경한다. 즉 "신과 의식에 바쳐진 작품이 우리에게 사람들이 신보다는 한층 더 의식이 필요하고, 자신의 죽음보다 생에 더욱더 관심을 가지며, 운명보다 사건에 더 관심을 갖는다는 사실――자신들의 존재의 의미보다는 사건의 의미에 더 관심을 갖는다――을 암

------

64) 글럭먼(1965)과 터너의 다른 작품, 즉 그 제목이 《고노의 북. 잠비아의 느뎀부 부족에서의 의식 분석 *Les Tambours d'affliction. Anaylse des rituels chez les Ndembu de Zambie*》(프랑스어판 번역, 파리, 갈리마르 출판사, 1972(초판, 1968))을 참조할 것.

시하고 있는 것은 놀라운 일이다."(미들턴, 1974, **p**.36). 게다가 이것은 뒤이어서 인류학자에게 《이교의 정수》에 찬사를 하도록 하며, 어느 점에서는 모든 사회와 모든 종교의 '이교적인' 부분을 격퇴하도록 한다: "신, 영웅이나 요술사에 대해 말하는 것은 또한 아주 구체적으로 신체, 다른 것, 시간에 대한 우리들의 관계에 대해 말하는 것이다. 왜냐하면 이교의 논리는 어느 면에서 동시에 종교에 불과하기 때문이다. 가장 기계적인 우리들의 행동, 가장 인격화하고 가장 보편적인 우리들의 의식, 가장 일상적인 우리들의 생활——가장 학자적인 우리들의 제도를 둘러싸는 사회학적 의미의 이 최소치를 구성하는 종교"(1982, **pp**.15-16).

그렇지만 의식은 만약 우리가 이 의식을 신화와 비교할 경우 또 다른 의미를 취할 수 있다. 《벌거벗은 인간》(1971, **pp**.597-611)의 마지막 장에서 레비스트로스는 순수하며 마침내 신성한 파롤(감지가 불가능한), 육체적 몸짓과 대상으로 이뤄지는 상태에서의 의식에서 명백한 신화(문학적인 의미에서)를 함축적인 신화(담화의 편린들이 비언어적 행동과 유대 관계를 이룬다)에 이르게 하는 단계를 제시하고 있다. 민족학자에게 있어 몸짓과 대상은 자신들의 일상적인 사용과는 다른 것이다: "(그것들은) 의식이 말하는 것을 피하기 위해 인정하는 수단과 마찬가지이다." 사용된 절차는 체험한 일을 회상하기 위해 노력하는 세분과 반복(왜냐하면 의식이 길고 복잡하기 때문이다)이다. 실제로 "체험한 일의 가장 작은 구성 단위인 세분에 의한 표시되고 반복에 의해 배가되는 (의식의) 편집광적인 근심은 의식의 전개를 위태롭게 할 모든 단절이나 일시적인 중단에 대한 보증으로 끈질기게 괴롭히는 필요성을 설명한다…. 요컨대 의식과 신비 사이의 대립은 생활하는 것과 생각하는 것의 대립이며, 의식은 생의 속박에 승인된 사고의 퇴화를 묘사한다"(1971, p.603). **의식은 따라서 말하자면 언어활동이다.** 하지만 우리가 방금 살펴봤지만, 의미를 생산하는 여러 가지 방식, 즉 구두로 행하는 방식이 다른 방식으로 존재한다. 신앙의 영역은 우리를 따라서 인간성과 모든 문화를 구성하는 것에 다시 이르게 한다. 아울러 여기에서 민족학·인류학의 빚은 엄청나다. 사회와 문화가 단지 사고에 불과하다고 결론짓지 않고서도, 사람들은 언어학 탐색의 이론과 방법이 단지 연구한 인구의 언어와 개념을 이해하기 위해 학문의 프로그램에서 역할을 할 수 있다는 중요성을 파악했다. 장 마리 드 제랑도가 1799년부터 다음과 같이 주목했던 것처럼: "야생을 아주 잘 이해하기 위한 첫번째 수단은 말하자면 그 야생 사이에서 하나가 되는 것이다. 사람들이 이 야생의 동향인이 되는 것은 바로 이 야생의 언어를 배움으로써 이뤄진다."[65]

2. 랑그, 랑가주, 원시적 사고

2.1. 언어학의 역할

민족학의 가장 중요한 발전의 일부를 잘 파악하기 위해서는 실제로 랑가주와 랑그 연구의 역사를 검토해야만 한다.

---

65) 이 텍스트의 상당 부분은 일종의 전-민족, 사회언어학에 속한다. 코팡(Copans)과 자맹(Jamin)(1994, pp.81-83)을 참조할 것.

소쉬르와 함께 현대언어학의 발명은(《일반언어학 강의》(1916)) 그의 이론이 그 후속으로 음운론과 기호학(트루베츠코이·야콥슨), 통사론(옐름슬레우·마르티네) 등등의 발달을 허락함에 따라서 민족학과 인류학을 심오하게 변형시켰다. 그렇지만 보아스 또는 말리노프스키(1900-20년대)나 린하르트와 프랑스 측의 그리올(1920-30년대) 같은 땅의 탐사라는 최초의 실천가들을 정통한 언어학자가 되도록 한 것은 다름 아닌 정확하게 파롤, 오럴 전통, 토착 인구의 신화이다. 따라서 언어학은 미국 인류학의 네 개의 기본 학문 중의 하나를 구성한다.

실제로 아메리카 인디언 문화의 강도 높은 연구는 중요한 인류언어학적 가설을 부추겼다. 인류학자인 에드워드 사피어는 무엇보다도 언어학자였다(1884-1939). 진화론·분포주의·기능주의를 비평한 후 사피어는 무의식·개성·언어와 문화를 연결하는 일반 이론을 제안한다.[66] 이 '물에 잠긴 형식 체계'는 개인의 총체에 대한 자신의 의미 개념과 자신의 규칙을 부과한다. 워프와 더불어 언어학적 플랜에 이르게 된 이러한 성찰은 '사피어-워프'라 불리는 가정으로 귀착한다. 이 가정에 따라 한 사회 구성원들의 문화적 행동은 자신들이 말하는 언어를 통해 한정된다. 주어와 목적어, 공간과 시간의 범주가 언어에 따라서 다르다는 사실을 제시하면서, 언어학자들은 세상의 개념과 결과적으로 언어적 다양성과 관계되는 문화를 배가시키는 거의 절대적인 상대주의를 인정한다. 따라서 호피 부족(아메리카 인

---

66) 사피어의 《인류학 *Anthropologie*》(파리, 미뉘 출판사, 1967)과 워프의 《언어. 사고와 현실 *Language. Thought and Reality*》(뉴욕, 1956)을 참조할 것. 아울러 레비스트로스(1958)를 읽을 것.

디언)은 그 자체로 시간을 객관화하지 않으며, 생물과 사물을 규정하기 위해 사용된 시간에 따라 서로 다른 것은 바로 생물과 사물의 에센스이다: 이러한 언어학적 범주화는 따라서 이 부족의 의식 속에 위치한다. 따라서 언어는 완전하게 문화의 대상이 된다. 왜냐하면 무엇보다도 문화적 진실의 눈금 찍기의 장소이기 때문이다. 사람들이 학문의 특별한 분야인 민족언어학, 즉 한편으론 '구두적이며' '민족적인' 언어에 몰두하고, 다른 한편으론 언어의 문화적 구성 성분에 더 높은 가치를 부여하는 민족언어학에 대해 말할 수 있었던 것은 바로 이 시기부터이다. 민족언어학은 의미나 구전문학의 분석을 통해 문화적 · 정신적 도식을 분석한다. 또한 민족언어학은 언어의 문화적 · 사회적 용법을 마치 민족학이 그 어떤 제도나 실천을 위해 그렇게 하는 것처럼 비교한다. 하지만 언어학적 영향, 특히 1930년대 구조음운론의 영향이 가장 많이 느껴진 것은 바로 레비스트로스의 작품에서이다. 야콥슨(1896-1982)과의 교제는 레비스트로스에게 요소들에 관한 관계, 사회적이며 문화적 영역에서 내용에 관한 구조의 분석에 특권을 부여했다(1958).

2.2. 레비스트로스의 구조의 신화

1940년대 중반부터 레비스트로스는 무의식의 논리학이란 용어로 사회생활과 문화생활을 해석하고자 하는 자신의 의지를 표명하였다. 물론 오늘날 이러한 관점을 구조주의적이라 불리는 분석적이며 동시에 설명적인 방법의 관점과 분리하는 것은 종종 어렵다. 하지만 그가 《야생적 사고》라고 명명한 것의 특성이 구조화되고 동시에 구조를 성립시켜 준다는 것은 명백하다.

무의식의 형태의 우위는 이러한 형태가 언어, 따라서 구조로 기능한 것에서 오지만 또한 그 형태가 강독 양식과 세상의 생성 양식을 표현하는 것에서 온다. 아마도 요약적이며 은유적인 이러한 무의식의 역할은 제도적이거나(친족) 물질적인(대상의 미학) 현실의 본질 자체로 설명된다. 바로 이러한 비전 위에서 인류학자는 작업을 한다. 레비스트로스가 1955년부터 신화의 구조에 심혈을 기울이고 있을 때, 레비스트로스를 1962년에 《야생적 사고》라는 표현을 사용하도록 인도하게 되는 것은 다름 아닌 토템적인 현상의 분석, 특히 그가 묘사한 '환상'의 희생적인 이론의 비평이다. 그는 야생적 사고를 미개인이라고 불리는 부족의 사회를 지칭하기 위한 것이 아닌 날것의, '자연적이며' '야생적인,' 결과적으로 사람들이 과학적 사고가 발달한 사회에서 관찰할 수 있기조차 한 것 그대로 야생 상태의 사고의 기능을 기술하기 위해 사용했다. 이러한 사고는 '이성적'이다: 이 사고의 설명적 목표는 과학적 중요성을 갖는다. 실제로 야생적 사고는 '법전화한다.' "말하자면 대립과 대조에 근거하면서 물리 세계, 살아 있는 자연과 인간이 신앙과 제도 속에서 표현하는 있는 그대로의 인간 자체를 엄격하게 분류한다. (야생적 사고)는 자신의 원칙을 구체성의 과학, 사람들이 아마추어 목수일과 같은 어떤 활동에서 발견하는 논리와 동일한 감각적인 특성의 논리에서 찾는다."[67]

어느 면에서 〈신화〉[68]는 야생적 사고의 가정에 대한 길고 복잡한 확인에 불과하다. 왜냐하면 "신화는 자신도 한 부분을 이루는 세상을 수단으로 신화를 만드는 정신을 의미하기 때문이

---

67) 1962년 7월 14–15일자 《르 몽드》지를 읽을 것.

다"(1964, p.20). 신화는 자신의 플롯에서나 상징에서 그 어떤 원의를 묘사하지 않는다. 신화에 의미하도록 허락하는 것은 다름 아닌 신화의 작업과 자연, 자신들의 관계("신화는 자기들 사이에서 서로 생각한다")에서이다. 따라서 인류학의 소재를 구성하는 것은 바로 신화에서 신화로(또는 신화 전체)의 이러한 비교주의와의 참조에서이다. 출발점은 중앙 브라질리아의 인디언 '보로로' 부족의 신화들이다. 즉 레비스트로스에 의해 〈새들을 찾아다니는 사람들의 비행〉이라고 이름이 붙여진 금강잉꼬와 새집의 M_1 신화(참조로 불리는)이다. 이 책의 2천 페이지 너머에 있는 마지막 참조는 M_{813}으로 아마존 지역의 언어 그룹 '제(gê)'에 속하는 민족인 아피네이(apinaye) 신화이다. 이 둘 사이에 브라질 남부의 구아라니 부족에서부터 캐나다 북서부의 살리시 부족에 이르기까지 수백 부족의 신화가 삽입되어 있다.

이러한 증명의 방법은 다음과 같은 세 가지 수준으로 구성되어 있다. 즉 주어진 신화의 수준, 변이형이 딸린 인접한 신화의 총체로 된 수준, 마지막으로 대립·상응·대칭·전환 또는 동가의 절차에 힘입어 야생적 사고의 이분법적이며 구조적인 논리를 유효하게 한다. 첫번째 임무는 따라서 민족학적 질서이다. 왜냐하면 정확하게 그만큼의 개념의 도구가 되게 될 경험적 범

---

68) 레비스트로스의 중요한 작품은 다음의 네 권으로 구성되어 있다. 《날 것과 익힌 것 *Le Cru et le Cuit*》(1964), 《꿀에서 재까지 *Du miel aux cendres*》(1967), 《식사 예절의 기원 *L'Origine des manières de table*》(1968), 《벌거벗은 인간 *L'Homme nu*》(1971)(파리, 플롱 출판사), 하지만 신화에 대한 분석은 많은 논문과 다른 작품에서 계속된다: 《가면을 쓰는 법 *La voie des masques*》(파리, 스리카 출판사, 1975)(이어서 플롱 출판사, 1979), 《질투하는 도기제조 여공 *La Potière jalouse*》(파리, 플롱 출판사, 1985).

주(날것, 익힌 것, 썩은 것, 젖은 것, 불에 탄 것 등등)를 인식해야 했기 때문이다. 체계적인 비교주의, 논리-수학적 기호의 사용(인류학자들이 거의 환상을 품지 못하는 방정식, 변환 또는 동형의 형태로)은 어떤 독창적인 가정을 유효하게 하는 신화소(mythe)를 확인하게끔 해준다: 신화소는 신화의 가장 작은 요소들, 요컨대 내레이션에서 연속된 사건들의 간결한 설명이다. 물론 신화가 추상적인 기계뿐이 아니다: 신화는 의미를 잘 생산한다: 음식 조리의 기원, 결혼 관습의 이유, 어느 종류의 의식의 장소 등등. 이러한 의미는 신화를 만들거나 전달하는 사람들에게는 나타나지 않는다. 한편으론 파괴의 노동, 다른 한편으론 신화적 요소와 신화의 참조 라인의 설치는 인류학자의 학식과 수완에 속한다.

하지만 인류학자는 가장 극단적인 이상주의와 생물학적 물질주의 사이에서 망설이는 것처럼 보인다. 세상은 단지 사고하기 위한 사고를 위한 기회에 불과하다. 구조 법칙은 사건의 역사와 생성에 대해서 우위에 선다. 정신은 반영이 아니라 구속이다. 하지만 이것은 생화학적이고 이원적인 법칙에 따라 뇌가 그곳에 있기 때문이다. 《벌거벗은 인간》의 결론은 "구조 분석이(…) 단지 정신 속에서만 명료해질 수 있다. 왜냐하면 그 모델이 신체 안에 있기 때문이다"(1971, p.619).

만약 신화가 대상이 된다면, 이것은 왜냐하면 대상 또한 그 자체가 신화이기 때문이다: "세상, 자연, 인간은 (…) 방대한 신화 시스템처럼 자신들의 조락성의 명백함 속으로 퇴화하고 사라지기 전에 자신들의 결합 관계의 자원을 펼치는 일 이외의 다른 것은 아무것도 하지 않을 것이다"(1971, p.620). 이러한 망상에서 깨어난 반휴머니즘은 인종차별(민족주의)에, 인간 조건에,

자유에 바쳐진 성찰에 위치한다: 반민족주의적 투쟁은 자주독립주의와 부분 사회를 무시하기에 이를 수 있다. '장구한 습관'을 보호하는 것이 좋은 일일 것이다. 왜냐하면 민족학자가 연구하는 사회는 "좀더 복잡한 사회보다 모든 사회생활의 내부의 원동력과 사람들이 가장 중요한 것으로 간주할 수 있는 사회의 조건들 중의 일부를 더욱 잘 제시할 수 있기 때문이다"(1983, p.381).

3. 이질문화의 수용, 통합 운동: 새로운 문화?

민족학은 그 초기에 아주 독립적으로 그리고 아주 안전하게 원시적이고 토착의 목표를 구성하기 위해 다른 문화와의 접촉 효과를 가능하면 부정해야 할 의무가 있었다. 하지만 정치적·경제적 지배의 현실, 노예 매매의 현실, 물질 강탈의 현실, 인구와 환경 변화의 현실은 점차적으로 특히 북아메리카의 땅(인디언의 힘이 재결집된 특정 지역)과 아프리카의 땅(분할과 식민지의 활용)에서 필요 불가결했다. 따라서 이타성이 이타성에 정착하게 되었고 이번에는 호기심과 분석의 대상이 되었다. 두 개의 패러다임이 만들어지게 될 것이다. 즉 무엇보다도 첫째는 진보나 전통에서 현대로의 이동과 같은 변화의 패러다임이었다. 서양적 가치의 역할, 즉 국가와 민주주의라는 정치 모델(원시적이거나 '공산주의적인' '무정부에 대항하여')의 역할이나 기업정신의 역할은 사람들이 제2차 세계대전 이후 현대화의 발전이라고 부르게 될 것의 전제를 구성한다. 아주 다행히 대부분의 민족학자들은 세상의 이런 개념과 거리가 멀었다(까다로운 의식을 통해, 복고주의의 경향을 통해): 실제로 미국의 신진화론은 오히려 이데올로기적으로 좌파의 경향을 띠었고, 식민지주의 또는 제국주의를 비난했다. 또 다른 관점은 오히려 복잡하다. 무엇보다도 전통과 현대 사이의 제3의 형태의 사회, 즉 전이의 사회를 만들었던 말리노프스키에게서 기능주의의 변화가 있었다. 이어서 구체적인 현대성이 형태를 취하기 시작했다고 생각하는 사람들이 존재했다. 아울러 도시와 산업의 탈부족화는 병리학적 현상이 아닌 사회적·문화적 재창조였다.[69]

사회학의 현대화와 동시에 사회, 문화인류학에 영감을 받은 조르주 발랑디에는 1950년을 전환점으로 식민지 상황의 다이내믹하고 모순적인 본질을 규명했다. 그는 여기에서 정당한 방법론적 결론을 도출할 것이다(비록 뒤이어 경험론적 이유만큼이나 이론적인 이유로 인해 강하게 비판받을지라도), 즉 변화와 접촉은 고대 사회의 관계에 대한 장점과 약점을 드러낸다는 것이었다. 좀더 효과적으로 발랑디에는 여러 학설을 혼합하고, 메시아에 관한 운동, 즉 종교적이며 동시에 정치적인 내용에 집착한다(1955). 게다가 인류학의 모든 흐름은 이러한 표명과 재현에서 사회적 운동과 정치적 표현처럼 보였다.

소백화점[70]의 예찬, 아프리카의 예언주의, 새로운 종교적 동질성의 연구(신교의 분파, 인도에서의 지방자치주의적인 동원, 현재의 이슬람교)는 종교민족학이 정치화하고 역사화하게 해주었

---

69) 글럭먼의 〈현대의 영국령 중앙아프리카에서의 부족 사회 Tribalism in modern British Central Africa〉(《아프리카 연구 잡지》, 1, 1960, pp.55-70)를 참조할 것; 로세티의 〈말리노프스키. 아프리카와 식민지 상황에서 '현대적 문제'의 사회학 B. Malinowski, The sociology of 'Modern Problems,' in Africa and the 'Colonial Situation'〉(《아프리카 연구 잡지》, 100, 1985, pp.477-503)을 또한 참조할 것.

다. 변화의 연구는 신앙, 신, 신자의 공동체, 상징 등의 개념을 재고하는 것이 필요한 새로운 대상(교회, 예언가, 정치적 또는 동질성의 운동), 새로운 영역(국가-민족, 종교의 국제적인 영향, 정치적-종교적 투쟁)에 이르게 했다. 지배적인 문화, 국제적인 혼혈의 개념은 먼저 자신의 타당성이나 유용성을 부정하면서, 이어서 정치적 측면에서 이것들을 도구화하면서 문화적 독창성을 변형시켰다. 토착문화는 대중화되었으며, 대중문화의 보존(영속성)의 메커니즘은 통속화되고, 퇴화하고 잊혀진다. 오디오비주얼의 메시지에 직면하여 오럴 전통이 고정되거나 새로운 확인 가능한 과거를 다시 발명한다. 마지막으로 국가 제도의 수준으로 정치적 영역의 이동은 산재하고 지역화되며 그 숫자가 아주 많은 정치문화의 민주적 교체를 금지한다.

교회들만이 외견상 진취적인 기질을 보존하는 것처럼 보인다. 신학적이 아닌 것일까, 문화화의 가능성에 대한 질문(기독교적 실천과 메시지의 제한되고 이론적으로 규명된 지역문화와 지역어로의 적응)은 피상적으로 문화의 의미가 고려되어질 수 있다는 사실을 입증해 줄 것이다. 하지만 만약 바티칸이 이 장을 감시한다면, 음악 산업의 트러스트(대합동)에 무엇이라 말할 것이며, 월드뮤직(World Music)을 창안하고 소위 문화적 진실의 가장 위대한 영광을 위해 만딩그, 인디언, 줄루족 또는 카나크족의 소리를 팔고 있는 참신한 서구문화의 자원이 결핍되어 고

---

70) 워슬리(P. Worsley)의 〈멜라네시아의 지복천년설 운동 Les mouvements millénaristes de Mélanésie〉, 상기 인용한 미들턴(Middleton)의 pp.167-180을 참조할 것. 킬라니(M. Kilani)의 《멜라네시아의 소백화점 의식. 인류학에서의 신화와 합리성 *Les Cultes du cargo mélanésiens. Mythe et rationalité en anthropologie*》(로잔, 인류학 포럼,1983).

민하는 콘서트 기획자에 대해 또한 무어라 말할 것인가? 주방·의복·가구조차도 '민족적'이 되었다. 요컨대 전통문화의 재창조는 더 이상 문화적 창조성과 토착적 상징과 아무런 관계를 갖지 않는다. 오늘날 사람들이 파리의 연극 공연장에서 수족[71]이나 '주니' 부족의 의식 행위를 관찰할 수 있지 않은가? 일상생활과 이국적 문화의 직접 영화화는 민족학의 사망을 알리는 것처럼 보이기조차 하며, 결과적으로 민족학이 그 대상이 되었던 것의 소멸을 의미한다. 하지만 이 경우 많은 문화가 문제되는가? 우리들의 눈길과 우리들의 만남에 제공되는 새로운 문화의 형태에 더 높은 가치를 부여하거나 신용을 떨어뜨리기 전에 다시 한번 이 문제를 심사숙고해야만 하지 않은가? 현재와 과거의 약간은 시대에 뒤진 수단과 다시 연결시키게 될 환상이 중요하지 않을까?

왜냐하면 상징들은 자신들을 살게 했던 문화적 부식토와 단절한 것처럼 보이기 때문이다. 상징적 인류학 양식의 독설은 바로 여기에 있다. 말하자면 상징을 보유한 후손들이 분열되는 바로 그 순간에 상징적 골격을 사회생활의 평범함의 전개에 제공하는 것이다. 역사는 우리를 에워싸고 있는 자의적으로 또는 타의적으로 만들어진 상징적 무질서에서 길목을 지키는 의미의 다양성을 제안한다. 검증된 명칭의 문화에 있어 영원한 매력에도 불구하고 인류학은 그렇지만 모든 문화의 내재적인 본질에 대해 더 이상 아무것도 이해할 수 없다는 형벌을 받는다는 조건으로 현재의 자기 영역에서 번복할 수 없는 현대성에 대한 도전을 강조한다.

---

71) **Sioux**: 아메리칸 인디언의 한 부족.〔역주〕

5

쇄신과/또는 변화?

이 마지막장은 여러 가지 기능을 채우고 있다. 무엇보다도 이 분야의 주제와 하위-전문화의 개관의 후속과 끝이기를 바란다. 서구의 이국적이고 '민족적'이며 현대적인 땅, 즉 제3세계의 지리적 · 사회적 본질을 따르면서 현대화, 동시대와 현대성에 대한 염려는 새로운 접근과 적응되고 구체적인 문제에 생기를 불러일으켰다. 학문의 세계적인 장은 이타성 · 동질성과의 차이와 차이의 동질의 차이에 대한 질문의 영속성을 표현하였다. 하지만 이 학문의 근본적인 차이, 즉 가까움과 먼 것을 대립시키는 차이는 재검토되는 것처럼 보인다. 만약 이러한 재검토가 민족학과 인류학에만 관계되는지, 아니면 그 전통과 프로젝트를 만든 옛날의 역사적 논리의 결과물인 학문의 중심 자체를 터치하는지를 알아보는 일만이 남았다.

이것이 어째서 인류학이 말하자면 프로답고 제도적인 생산의 동일한 구속에 복종하는 다른 학문과 마찬가지로 사회과학인지를 자문해야 하는지의 이유이다. 실제로 학문을 이루는 것은 바로 이러한 기준이지, 지적인 엄격함, 현실에의 일치, 진실이나 최소한 진실의 생산이란 특성만이 아니다. 실제로 이러한 문제에 대답하려고 노력해야만 한다. 즉 민족학과 인류학이 어디에 소용 있는가와 어떤 조건에서 이러한 학문들이 자신을 한정하는 서로 다른 사회적·정치적·문화적이며 과학적인 맥락에서 작용하는지를 검토해야 한다. 1세기 전부터 사회 전체가 경험한 심오한 변화(점점 더 함축성 있는)는 실제로 치료 불가능하게 하나의 관점 또는 또 다른 관점을 통해 모든 인류학의 조건들을 파괴할 수 있었다. 그 기원부터 먼 시선(레비스트로스, 1983)으로 간주되고, 나눠지고 근접한[72] 인류학의 형태로 자신의 고유한 사회의 한가운데서 거리를 둠 자체의 기능(소외 효과)으로 배웅된 인류학은 당연한 것처럼 보인다. 사람들은 쉽게 전통, 이데올로기적 억압, 지식의 보전으로 밀고 가는 개인의 이해 관계의 무게를 이해한다. 하지만 이러한 인류학의 사회학이나 민족학 너머로, 연구자 자신들에 의해 수행된 선택을 평가해야 하고 민족학과 인류학이 자신의 동질성을 갖고, 즉 계획의 (강요된) 적응이나 실현이 무기력한 기회주의가 아닌 오히려 내재적 역동성이게 할 과학적 독창성이 사실인지 아닌지를 결정해야 한다('타자: 귀환 1,2,3').

1. 타자의 현대화에서 자아의 현대성

1.1. 식민지 문화의 변질

민족학의 초기의 목적은, 즉 원시 사회는 원죄의 표시를 지니고 있었다. 즉 어떤 상태의 영원성의 개념, 전통의 최적의 생존

---

72) 하지만 하나의 문제가 여전히 제기된다: 사람들이 인류학으로 모든 것과 무엇이든지를 만들 수 있을까?

의 개념. 후자의 재구성은 어느 정도 일부 형태의 변화를 제외한다. 즉 변화는 내부에 있든지, 외부에 있다. 첫번째 경우, 단일계의 발전의 지지자(모델의 일부 요소의 보급 가능성과 더불어)를 다면계의 발전을 이론화하는 지지자들과 구별하는 것이 가능했다. 한편으론 원시 사회는 우리들의 선조들의 동시대적인 증언에 불과했으며, 다른 한편으론 '격동의'[73] 사회가 아닌 '냉전' 사회의 배우들이었다. 하지만 가정적이며 선사적이고 역사적인 특성, 이러한 가정에서 동시대의 발전과 변화의 장소와 역할을 은폐한다. 이것이 어째서 사람들이 '장기간의 기간'에서 무관심하게 발전이 묘사하고 외부의 침입으로 간주되거나 참신한 글로벌한 역동성의 증거로 간주된 현대사를 제거한 '민족학적 현재'에 대하여 말하는지의 이유이다. 이러한 마지막의 상황들은 전통을 재발명하게 해준다. 말하자면 사람들이 알고 있는 것이나 과거를, 말하자면 새로운 규칙이나 이전의 규칙의 새로운 공식화와 일치하게 하기 위해 과거에 대해 기억하고 있는 것에 적응시키는 것이다.

1920년대부터 사회적이며 문화적인 인류학, 즉 프랑스 민족학은 식민지적 또는 민족적(미국의 인디언 보호 구역) 맥락에서 토착 인구에 영향을 미치고 있는 변화의 문제를 제기했다. 물론 기존의 작업들은 이미 종종 본의 아니게 진행중인 변화에 대한 증거가 되었다. 즉 19세기말의 연구의 영원한 재강독은 변화와 문화의 변질(과학, 학문의 향상)의 케케묵음을 이해하고자 하는

---

73) 레비스트로스의 《인종과 역사 *Race et Histoire*》, 파리, 유네스코, 1952(1973)에서 인용한 표현. 이 연구는 《두번째 구조주의 인류학 *Anthropologie structurale deux*》(1973)에서 재출간되었다.

사람들에 필수 불가결했다. 하지만 여전히 이러한 현상들의 관찰, 분석에 아주 부차적이기조차 한 장소를 제공할 수 있는 이론적 관점이 부족하다. 기독교화, 화폐의 사용, 봉급제, 이주, 알코올 중독 또는 학교 교육과 문자의 학습이 민족학의 ‘자연스런’ 대상이 된 것이 절대적으로 분명한 게 아니다. 그 반대로 초기의 성찰은 마치 이러한 현상들이 존재하지 않았던 것처럼, 중요성이 없었던 것처럼 만드는 것이었으며, 또는 이와는 반대로 이러한 현상들이 단지 ‘원시’ 문화의 깊은 의미를 진정으로 타락시킬 수만 있었던 것처럼 만드는 일이었다. 그렇지만 이 마지막 현상들을 존경심과 신중함으로 사회에 관계된다는 것을 증명하기 위해 **다른 것과 동일한 것으로** 간주하고 있는 기능주의적 총체(말리노프스키)나 형태론적 총체(모스)로 구상하는 것이 가능했다. 변화를 고려하는 것의 거부 행위는 따라서 훌륭한 감정에서 출발할 수 있다. 즉 사회적 문화적 상대주의.

1920년대는 따라서 성숙의 사회, 특히 제국에서의 식민지적 질서와 미국에서 행정부의 질서(순수하게 말해 사회적 섹터)라는 사회적 요구가 충만했던 시기였다. 민족학을 실천적 문제의 설명에 적용하려는 의지는 또한 새로운 땅을 통한 이러한 회귀를 설명한다. 예컨대 1920년대부터 파푸아뉴기니에서의 오스트레일리아 행정부는 ‘정부’라 불리는 민족학자를 임명했다. 1926년의 국제 아프리카 연구소의 창설(런던 소재)(미국의 록펠러재단과 카네기재단의 후원과 더불어)은 이러한 관점을 공식화하는 데 크게 기여할 것이다. 인류학자 자신들의 연구를 포함하여. 1937년 왕립 인류학 연구소(**Royal Anthropological Institute**)는 “제국의 지배를 받는 부족들의 행정에 인류학적 지식의 적용과 문화적 접촉의 문제를 연구”하기를 제안한다. 1940-50년대는 아프리카 노동자들과 그들의 가족들이 돌아다닌 식민지 세계와 현대 세계에 관련된 많은 연구서의 출간이 등장한다.[74]

그러한 변화는 또한 미국에서도 일어났다. 즉 응용인류학은 마거릿 미드(하지만 그는 대서양 연구로 유명세를 타고 있었다)의 미시시피 계곡의 인디언 보호 구역에 관한 연구를 설명한다. 그런데 이 연구는 1930년에 여자의 지위, 알코올 중독, 사생아와 '잘못된 조정(malajustement)'이라고 부르는 것을 분석하고 있다. 1936년 레드필드·린턴·헤스코비츠는 공동으로 문화의 변질 연구에 대한 비망록을 발간한다. 변화는 기능과 마찬가지로 형태, 의미에 주어졌다. 또한 변화는 쇄신과 마찬가지로 질서의 해체를 반영한다. 이러한 사고는 1950년부터 조르주 발랑디에에 의해 식민지의 상황과 종속에 관한 연구에서 반복되고 채택되었다. 가봉과 콩고의 식민지 사회 예들은 그에게 식민지 지배와 동시에 백인 사회를 참착해서 설명되어져야 하는 사회 변화의 경험의 총체를 제시하는 데 도움을 주었다(1955). 미셸 레리스 또한 동일한 사실을 설명한다: "만약 우리가 객관적이기를 원한다면, 우리는 이러한 사회를 그 사회의 **현실** 상태에서 고려해야 한다――말하자면 우리를 내가 어떤 완벽함을 알지 못한다는 생각에 일임하면서 (…)을 하는 것이 아닌 경제적·정치적·유럽식 문화적 영향을 어느 정도 수용하는 그들의 현 사회에서(1969, p.87. 초판 1950년에 출간).

---

74) 쿠퍼(A. Kuper)에 의한 분석 《인류학자와 인류학-영국학파. 1922-1972 *Anthropologists and Anthroplology-The British School, 1922-1972*》(런던, 앨런 레인 출판사, 1973)와 아사드(T. Asad) 출판사의 《인류학과 식민지의 만남 *Anthropology and the Colonial Encounter*》(런던, 아사카 출판사, 1973)을 참조할 것.

1.2. 현대성의 사회적 변화

식민지에서의 독립을 위해 정치적 · 민족주의적 투쟁의 시기였던 1950-60년대는 점점 더 의사 일정에 따라 자의적이고 지향된 현상처럼 현대화의 연구를 시작한다. 예컨대 변화는 더 이상 따르지 않지만 요청되었다. 따라서 1세대 또는 2세대가 채되지 않아, 민족학과 인류학은 자기들의 염려를 확대했다: 변화의 힘을 '해석하고' 활기 있게 하는 내부의 메커니즘의 설명에서 이와 동시에 경우에 따라서는 그것들에게 영향을 미치고 그것들을 아주 상이한 구조로 된 다른 그룹, 다른 사회에 소개하는 좀더 넓고, 정치적 · 경제적 · 행정적 상황이나 맥락의 설명에서.

문화적 진실성을 상대화하고, 속박의 동질성을 파괴하고, 원시적이며, 부족적이며, 농부적이기[75]조차 한 사회 기능의 영역을 확장시키는 접근에서 사람들은 접촉의 요인을 완전하게 인류학적 대상으로 취급하며, 심지어 부분 중의 하나에 대한 전체에 특전을 마침내 부여하는 분석으로 넘어간다. 노동자와 이민의 도시(실제로 중앙아프리카의 광산센터), 연합의 형태(같은 지역이나 같은 부족으로 된 동향인, 조합을 재결집하는 연합 형태), 정치적 종교적 표현 양식, '진보된 사람들'의 생활의 장르,

---

75) 민족과 도시 사이에서 레드필드에 의해 도입된 구별의 후속으로 특별히 만들어진 농부(paysannerie)의 인류학은 미국 인류학의 현대화된 형태로 발전했다. 예컨대 《소공동체 사회 *The Little Community*》와 《농부의 사회와 문화 *Peasant Society and Culture*》(시카고, 시카고대학출판부, 1956)를 참조할 것.

가족과 교육의 새로운 형태는 거대한 참고 문헌의 방법론적 시작을 구성한다. 탈부족화·재부족화와 뒤이은 자발성(initiative)의 재개, 이민, 농부들의 전쟁, 새로운 사회적 계층과 계급, 민족성은 아주 크게 국가적이고 국제적이기조차 한 정치의 장을 열어 준다.

1968년 친족에 대한 미국의 대전문가인 카틀린 구그는 제국주의의 연구를 제안했다. 왜냐하면 "(만약) 인류학자가 전-산업화 사회와 특히 촌락 사회의 한가운데서 현대 사회의 변화에 관한 많은 연구를 한 것이 사실이라면, 아주 종종 그들은 그 연구를 '문화적 접촉' '문화화' '사회적 변화' '현대화' '도시화' '서구화' 또는 민족-도시적인 '연속체'란 아주 일반적인 개념으로 구상했을 것이다. 폭력, 고통과 탐험은 이러한 구조적인 절차의 분석에서 사라지는 경향이 있으며, 연구의 단위는 습관적으로 너무나 작아 나무를 숲으로 취급하는 것이 어렵다." 1981년에 준 내시는 〈세계 자본주의 체계의 민족학적 양상〉이란 주제로 통합을 작성하기까지조차 한다.

국가의 위기, 민족적 폭력, 국제여행, 인권, 난민, 국제문화는 그 결과 확인 가능한 주제의 예시가 된 것과 마찬가지로 가장 활발한 정치성을 띤 현대의 인류학은 완전하게 학문의 분파인 것이다. 세계와 지역 사이의 관계에서, 문화의 재창조와 규범과 실제 사이의 관계에서 정도를 벗어난 그 정의에서 세계의 무질서는 그 자체로 한 대상이다. **선험적으로** 그 규모와 세계성은 결코 민족학적이지 않다. 하지만 출발점과 종착점은 확실히 민족학적이다. 미국 인류학자 아르준 아파두레이는 세계적인 민족 풍경을 연구하는 국가의 영역이 따로 없는 인류학을 환기한다. 따라서 그는 모든 문화를 수용하는 세계적인 형태의 인류학을 신장한다(1991).

1.3. 민족학에서 현대 프랑스의 인류학까지

하지만 또 다른 것이 있지 않을까, 우리들 자신의 과거로부터 온 다른 것, 즉 현대화에 의해 소외되고 '옛날의 고향'으로의 귀환의 진실성이란 탐색을 통해 재평가된 전통, 고대의 사회적·문화적 범주의 생존이 있지 않을까? 민족학의 또 다른 커다란 자원은 실제로 현대화의 또 다른 형태의 결과물이다. 처음에는 1930-60년대에 인기 있는 예술과 전통이 되었다가 후에 최소한 프랑스에서 1980년부터 조상전래의 관심의 대상이 된 19세기 유럽문화의 민족 연구의 자원이다. 그렇지만 우리의 문화사의 민족학적 재강독에 대응해서 서양 근대화 자체의 인류학의 발전과 함께 제2의 중심에서 벗어나기(말하자면 원시의 민족학을 위한 것과 같은 모든 것)가 일어났다. 물론 미국인들은 1920-30년의 사회과학에서 경험론적 연구의 기원 그 자체에서부터 이것을 행해왔다: 도시사회학에서 시카고학파로 불리는 학파는 그 기초 원칙의 일부에서 아주 인류학적이며, 1940년(벌써!)의 (미국) 응용인류학협회의 창설은 이것이 유럽에서 일어날 수도 있었을 것이지만, 발전(우선 식민지의 이어서 후기 식민지의)에 적용된 연구가 아닌 산업체의 인류학에서 연구를 통해 생기게 되었다는 사실을 환기해야만 한다.

게다가 마틴 세갈렌은 우리에게 "유럽 사회에 관심을 갖는 민족학 학파와 인류학 학파의 역사는 나라마다 눈에 띌 정도로 다르다"(1898, p.9)라고 말한다. 프랑스는 민족 연구와 동시에 외국 사회의 연구를 통해 영향을 받았으며, 반면에 영국은 자신의 역사와 다른 문화의 다양성을 인정하는 것을 거부했다. 반대로 식민지 경험이 없던 나라(북유럽과 동유럽)는 초기에 민족 연구를 용이하게 했지만, 1970년대의 커다란 이론의 변화는 이 나라들을 민족학이란 수식어로 재구성하기에 이르렀다. 관습·신앙·미신·의식·전통과 대중적이면서 시골풍의 구전문학의 수집에 대한 관심의 기원을 찾기 위해서는 전기낭만주의 운동과 함께하는 18세기로 거슬러 올라가야 하며, 이어서 낭만주의와 민족주의 시대인 19세기로 올라가야 한다. 한 민족의 영혼의 탐색은 예컨대 1800-20년대에 그림 형제의 유명한 연구를 설명한다. 톰스가 '민족의 지식'이란 민족 연구 용어를 발명한 것은 바로 1846년이다.

프랑스에서는 1840년부터 켈트 아카데미가 프랑스 민족의 신화적 과거, 즉 켈트적·프랑크적·고올적인 과거를 낮게 평가하기 위해, 그리고 이러한 과거의 생존을 구명하기 위해 이러한 현실에 관심을 갖는다. 19세기는 가능한 한 체계화와 마찬가지로 철저한 수많은 수집으로 표시된다. 이러한 수집 가운데 가장 훌륭한 예 중의 하나는 1904년에 발간된 《프랑스의 민속 연구》란 책에서 1만 5천 개의 사실을 보유하고 있는 폴 세비요(1843-1918)의 작품이다. 대중 그룹의 사회학적 관점의 덕분에 좀더 과학적 정확성을 최초로 도입하게 될 사람은 바로 반 게넵(1873-1957)이다. 그렇지만 그는 분명하게 시골 환경에 특권을 주며 도시와 산업 환경에서 측정될 수 있는 시골 환경의 생존에만 관심을 갖는다. 그의 방법론은 서로가 관계를 맺고 있는 환경을 설명하는 것을 목표로 하며, 이것은 민족학자의 축적된 비전을 벗어나게 한다. 게다가 그는 자신이 그 의식의 결과를 조사한 통과 의식이란 일반적인 이론을 제안한다. 역설적으로 반 게넵은 민족학이 조금도 관련되어 있지 않다고 생각한다. 왜냐하면 민족학은 '야생적'이며 '반문명화된' 부족을 연구하는 것이기 때문이며, 그는 바로 정확하게(이런 이유로) 뒤르카임과 모스가 간접적인 정보에 만족하고 있다는 이유로 이들을 비평한다. 1937년에는 리비에르가 이끄는 인간박물관에 대중 예술과 대중의 전통이란 부서가 만들어졌지만, 프랑스의 민족학이 순수하게 민족학 이론들의 영향으로 민족 연구와 대중 연구라는 탁월한 공식화 덕분에 웅비하는 것은 바로 1945년 이후에 비로소 이루어진다('이국적' 민족학에 대해서도 마찬가지이다).

이 첫번째 시기는 아주 종종 전형화된 문화적 지역(오브라크·브르타뉴 지역)에 특권을 부여하는 전문 연구의 특성을 지닌 땅의 연구로 표시된다. 1960년대 동안에 이 학문의 모든 중요한 경향은 이러한 프랑스적인 열광의 주변, 레비스트로스가 이끄는 사회인류학 연구소를 포함하는 틀에서 이루어졌다. 피에르 부르디외와 함께하는 사회학, 엠마뉴엘 르루아-로드리와 함께하는 역사학은 이러한 일반적인 운동에 동참했다. 민족학과 인류학에서의 이러한 완만한 프랑스 민족학의 재통합은 학문의 실제적인 대상에 관해 많은 토론을 아주 단기간에 불러일으켰다. 그렇지만 연구자들은 두 개의 영역을 실험했다. 즉 민족학적 문화유산 분과위원회의 창설과 가장 역동적인 잡지인 《땅》의 창간은 고전적이면서 동시에 현대적인 주제를 중심으로 1980년부터 많은 연구를 부추겼다. 방법과 문제의 교환, 대상과 사회의 접근은 비교의 가능성을 축소시켰다. 예컨대 전통과 현대, 원시와 시골 사이의 위선적인 단절은 더 이상 존재하지 않았다. 하지만 이러한 프랑스 민족학의 '현대화'는 이뤄졌다. 왜냐하면 인류학이 일반적으로 현대화의 과정에서 이익을 보았으며 인류학이 자신의 발전을 통해, 관심을 통해 의미 있는 비교의 가능성을 보았기 때문이다.

　도시는 특히 엄청난 투자의 대상이었으며, 아마도 모든 모순, 1960-70년대의 도시화의 모든 역동성을 파악할 수 없었던 사회학을 계승한다(교외의 확장, 시내의 재개발). 공영주택(**HLM**) 계단의 작은 방에 대한 연구, 사라질 운명에 놓인 시내의 구시가지의 상징적인 이용, 도시 산책의 본질, 노동에서의 실천과 거주 계획 사이의 관계, 불법 노동, 노조문화는 인류학적 방법과 관점이 우리의 현대 세계의 사생활을 이해하기 위해 유용했다는 사실을 증명하는 그와 같은 연구대상이었다. 두번째 주제는 이 주제가 사회적이나 문화적 '소수'의 존재를 지칭함에 따라서 이미 행간에 제시되었다. 오랫동안 자칭하여 폐쇄되고 낯선 이방인의 사회인 집시족(**Tsiganes**)은 무엇보다도 이 경우의 예에 해당된다. 그리고 이것은 젊은이 특히 교외 젊은이의 무리들, 어느 면에서는 비행 청소년의 무리들이다. 유사한 경우로 우리는 도시의 빈민들, 그리고 프랑스에서 정착하여 살고 있는 소위 인류문화적이라고 불리는 새로운 소수민으로 넘어간다. 도시화와 다문화 사회의 전형적인 산물인 민족성은 주요 도시의 대상이 되었다. 아프리카의 경험은 프랑스에서 일부다처를 분석하게 해주었거나(팽장과 주르네, 1988), 치료사·점쟁이를 비롯하여 다른 '성자들'의 역할을 분석하도록 해주었다. 첫번째 경우, 사람들은 19세기 산업 사회의 전통과 현실에 세습 유산의 개념을 확장시켰으며, 두번째의 경우, 우리가 성찰하여 말할 수 있다면, 민족학자를 동원하는 것은 바로 우리들 문화의 한가운데 자체에서의 이타성이다(본질적으로 수입에 의해, 유사성에 의한 이타성). 하지만 알타브 자신이 우리에게 환기하는 것처럼, 이러한 특성화의 관점은 진퇴유곡이다. 말하자면 오히려 이러한 민족학적 문화의 범주화를 만들어 낸 방법에 관심을 가져야 한다. 이렇게 이해된 프랑스의 민족학은 단지 주제의 현실화가 아니며, 마찬가지로 그 위상에서 소위 이국적이라 불리는 민족학의 가장 최신의 발전을 동반하는 문제의 쇄신이다(1992).

이러한 새로운 민족학이 측량하는 것은 바로 모든 사회생활이다. 즉 르 아브르 항구의 부두 노동자들의 알코올 문화, 냉동고의 이용이나 이삿짐센터의 이용부터 성모마리아나 클로드 프랑수아의 출현을 거쳐서, 민족학은 갖은 수단 방법을 이용하는 것처럼 보인다. 이렇게 해서 럭비와 축구 같은 매우 인기 있는 스포츠 활동이 최근 들어 사람들이 아주 종종 가볍게 여기는 열렬한 열정 속에서 과시되는 개인적 · 단체적 요인의 총체, 사회적 · 문화적 요인의 총체를 이해하도록 허락하는 분석의 대상이 되었다(다르봉, 1994; 브롬버거, 1995). 요컨대 민족학보다 더 현대적인 학문은 불가능할 것이다!

2. 인류학은 다른 학문과 같은 사회과학인가?

이 질문은 제기되어질 장점이 있다. 왜냐하면 민족학과 인류학은——이 두 학문이 우리 자신들의 문화에 집착할 때조차도——어떤 이국주의의 흔적과 더불어 복고주의를 여전히 전달하기 때문이다.

2.1. 적용과 사회적 요구

프랑스에서의 민족학의 이러한 '표준화' 내지 일반화는 여러 가지 결과를 도출했다. 표준화는 무엇보다도 학문이 방법·기술·대상, 일종의 '치외법권적' 특권을 이용하는 것을 금지했다. 이 프로젝트는 동일한 사회적 요구, 동일한 명료함, 증거에 대한 동일한 행정 절차에 복종한다. 초개성화의 표현이며, 영원성을 위한 유일하며 벌받지 않은 증인이자, 또한 무엇보다도 모험적인 자아의 원천이며, 아울러 철학적–문학적 자아의 원천의 시대인 '나요 나'의 시대는 지나갔다. 창립자의 공헌 이후 더욱 이름 모를 연구자들과 같은 대중으로 표준화된 관습의 시대이다. 이러한 환경의 사회학, 학문을 하는 방식의 사회학은 학문을 좀더 정확한 영역에 다시 귀착시켰다. 하지만 그렇게 하면서 **이 사회학은 다른 학문과 동일한 것이 되고 말았으며** 사람들은 마치 사회학이 존재하지 않는 것처럼 할 수 없다. 왜냐하면 사회학은 너무 지나치거나 독창적인 현상에 전념할 것이기 때문일 것이다. 즉 인간문화의 기원, 진실한 구조로 된 사회의 기원이나 모든 인간에게 고유한 야생적 사고.

민족학과 인류학은 사람들이 이 학문에 대해 기대하는 것과 일치하지 않았을지라도 항상 세계사의 시간 속에서 존재했다. 이런 의미에서 이 두 학문은 아주 오래전부터 사회적 요구의 역할과 영향력을 알고 있다. 식민지 정책, 원주민 보호 구역, 이어서 개발이나 사회적·문화적 원조의 정책과 같은 행정 세계는 족히 1세기 전부터 민족학의 일용 양식을 구성한다. 적용과 사회적 유용성의 문제들은('야생'과 복종하지 않는 원주민을 문명화시키기 위한 계획의 도덕적 형태를 포함하여) 인식론에 속한다. 확실히 민족학은 민족학이 관찰 계획을 자신의 연구대상의 물리적 보존의 의지에 연결시킴에 따라서 이러한 사회화를 심오하게 내면화시켰다——그런데 이것은 내가 아는 한 사회학이 결코 암시하지 못했던 것이다.

응급의 인류학은 학문의 영속성의 유력한 동기 중 하나에 속한다. 게다가 초기의 논쟁 중의 하나는 공식적으로 행정적·식민지적 부자주의(온정적 간섭주의)가 변화의 유혹을 받고 있는 원주민을 보호하려고 노력함에 따라서(이런 것 중의 하나는 정치적 측면을 포함하여 문화의 '결과'에 대한 요구였다) 전통문화의 정의에 근거를 두었다. 반면에 일부 인류학자들은 좀더 현실적인 방식으로 이러한 요구를 억제하기를 암시하였다. 1970년대에 우세했던 것은 다름 아닌 민족의 말살, 부족과 문화의 말살에 대한 투쟁이었다. 여기에 여전히 제국주의나 보수적인 평화를[76] 고발하는 사람들과 문화와 인생 장르의 일관성을 강조하는 사람들 사이에 인류학자들 작업에서 분할이 일어났다. 야생이 '유행이' 되고 말았으며, 루소주의자라는 사람들이 원주민들을 위해 조직의 좀더 실천적인 측면에서처럼 과학적 측면에서 인류학적 메시지를 여전히 동반하고 있다는 사실을 부정할 수 없다. 하지만 이러한 유용성은 학문의 전통 자체에서 오는 것이지 공적이거나 공익을 위한 주장에서 오는 것이 아니다. 물론 인류학자는 일종의 왕자의 조언자와 같은 사회학자처럼

---

76) 예컨대 코팡의 《인류학과 제국주의 *Anthropologie et Impérialisme*》(파리, 마에스페로 출판사, 1975)와 졸랭(R. Jaulin)의 《보수적 평화. 민족 말살 안내 *La Paix blanche. Introduction à l'ethnocide*》(파리, 쇠이유 출판사, 1970)를 참조할 것.

될 수 있지만, 그 원래의 대화자는 아주 단순하게 존재의 권리와 생존의 권리를 옹호하기를 바라는 국가가 없는(따라서 왕자도 없는) 오히려 사회이다(사냥과 낚시의 땅, 전염병 보균자나 대학살을 예고하는 너무 잔인하고 치명적인 접촉에 대한 보호). 전문가의 프로다운 성찰로서 시작된 것이 세상에 견식 있는 시민의 정치 행동처럼 계속된다. 게다가 오늘날 인류학자들은 원주민들의 요구 운동을 연구대상으로 변형시켰으며, 소멸 도중에 있는 문화로 인해 그들의 동일화 작업은 **선험적으로** 좀더 심사숙고하게 되었다. 이러한 운동은 실제로 권력이나 특별한(개인의) 이해 관계의 고전적 논리에 복종한 것처럼 보인다. 따라서 우두머리나 리더가 객관적으로 그리고 추상적으로 자신들의 문화의 기원을 표현한다고 믿는 것은 순진한 일일 것이다. 마찬가지로 그들의 국가 차원의 상대자나 국제적 차원의 상대자들은 그들을 호선하고, 매수하고, 중립화시키는 데 성공한다.[77]

하지만 이러한 극단적인 비신성화는(현대화된 원시 사회는) 이해 관계의 투쟁과 '국가적' 또는 '다국적의' 내기에 시달리는 다른 사회와 같은 사회에 불과할 뿐이다. 또는 프랑스, 상속 재산의 민족학자에서도 존재한다. 박물관적인 인명 구조 작업, 축제의 '개선,' 직업이나 구식이라 불리는 사교성의 개선은 변형될 수 있으며, 만약 아직도 변형되지 않았다면 민족학은 신-보수주의 이데올로기로 된 박애주의적인 작업으로 변형될 수 있다. 적극적인 방식으로(그렇지 않으면 상호 대화용으로) 대상, 만들고 살아가는 방식, 사라졌거나 사라지는 도중에 있는

---

77) 서바이벌 인터내셔널(Survival International)(부록 참조)에 의해 발간된 《민족학 *Ethnies*》지를 참조할 것. 아울러 영(E. Young)(1995)을 참조할 것.

생활 양식(예컨대 산업 및 광산 세계)을 보존하는 것은 이론의
여지가 없는 명예로운 계획이다. 하지만 연합이나 가운데 놓여
진 문화적 리더를 통한 연구의 정교한 조작은 만약 민족학이 이
러한 재발명이나 정치적·문화적 요구를 학문의 방법론적이며
분석적인 통찰력에 복종시키는 것을 거절한다면, 다른 곳에서
의 민족학과 동일한 막다른 골목으로 이곳의 민족학을 안내할
수 있다.

오늘날 사회적 요구 그 자체는 관찰의 대상에 속한다. 왜냐
하면 이러한 요구가 존재하고 이런 명목으로 이러한 요구가 단
번에 지식의 대상일 뿐만 아니라, 특히 사회적·문화적 현실
그 자체의 묘사와 재생산의 내부에 있기 때문이다. 이러한 '관
찰자적인 참여'는 사회 변화와 발전의 사회-인류학의 원칙 자
체이기도 하다. 발전은 "실제로 발전의 제도의 곁에서처럼 '그
룹-표적'의 곁에 많은 사회의 배우를 개입하게 한다. 이들의
전문적인 신분, 이들의 행동 규범, 이들의 경쟁력, 이들의 인식
론적이며 상징적인 자원, 이들의 전략은 상당히 다르다. '땅 위
에서의' 발전은 바로 이러한 많은 상호 작용의 결과물이다." 게
다가 올리비에 드 사르당은 어떤 거리낌도 없이 자신의 아프리
카 학자로서의 담화를 확대하는 것이 가능하다는 사실을 주목
한다: "예컨대 프랑스에서 농업의 발전, 지역의 발전, 지역의
사회 발전, 문화적 발전은 '기준'의 방향으로 이끌고 '자신의
이익'을 위한 의지주의적 변화의 정책이 끊임없이 참가인과 인
구-표적 사이의 상호 작용을 생산해 내는 동일한 주제와 영역
을 구성한다"(1995*a*, p.11, p.22).

이러한 관점은 어느 점에서 동일한 틀에서(최신의 예를 들자
면) 원주민과 민족의 경영, 성의 문제와 조직 변화의 문제, 손님

과 소비자의 의식과 권력의 개량을 취급하고 있는 조직이란 앵글로-색슨 계통의 인류학의 좀더 실리주의적인 전통과 유사점이 많다. 라이트는 조직에서의 문화는 권력, 상호 이해의 게임이며(사회 그룹의 터무니없는 협상 담화), 어떤 경우에도 합의로 성립된 개념이 문제가 되지 않는다는 사실을 인정한다(1994). 20년 동안 프랑스 사회학의 큰 사조로 척추 역할을 했던 조직사회학이 기업사회학으로 변형된 순간에 제도와 조직의 발전을 목표로 생각하고 아마도 좀더 일반적인 조직인류학이나 조직인류학[78]을 예고하는 조심스럽지만 효력 있는 인류학의 출현을 주목하는 것은 의미심장한 일이다.

2.2. 시각적 인류학

이 마지막 4반세기의 실현과 성찰이 확실한 쇄신에 공헌했거나 최소한의 결과로 학문의 존재 자체를 재검토할 수 있는 절차가 일시적으로 시작된 곳은 바로 이 마지막 영역인 시각적 인류학이다. 실제로 문자, 기술, 설명, 제시의 양식은 세기초부터 변했다. 이러한 지적 · 문화적 · 역사적 명증은 면밀히 검토될 가치가 있다. 이러한 자성의 첫번째 수단은 민족학을 다룬 영화이다. 물론 이 영화가 민족학 자체만큼이나 오래되었지만,[79] 오늘날 영화는 어느 점까지는 민족학 자체의 문제인 관찰과 거리(소외 효과)의 문제, 객관화의 비평 문제, 현실의 재생산 문제를 공유한다. 1945년 이후의 기술 개량은 민족학자에게 영화를 자

---

78) 응용인류학협회(미국의)가 발행하는 《인류의 조직 *Human Organization*》이라 불리는 잡지를 잊지 말자.

신의 연구에 통합하도록 해주었다. 이것이 바로 장 루슈가 1968년에 다음과 같이 공표한 사실이다: "영화는 영화가 과학적 조사의 정확성을 영화적인 설명의 기술에 결합시킬 때 민족학적이다." 따라서 사람들은 영화화한 사람들의 관점이 넓은 위치를 차지하고 있는 '직접 영화' 또는 '진실'과 같은 완전한 목록의 개념, 사회생활의 거대한 녹화의 개념(마셜의 보시맨 부족, 아슈의 야나마미 부족)을 발견했는데, 이것은 문화를 보존하는 기능을 했다. 비교된 눈길, 공유한 눈길은 민족 영화로 하여금 표현수단, 문화의 자기-해석수단으로 변형시켜 주었다. 말하자면 좀더 쉽게 '대사'를 땅의 대상들에게 제공하면서, 민족 영화는 자칭하여 과학적이란 객관성의 한계를 입증했다.[80]

하지만 기술 지배의 문제와 따라서 재정의 문제, 말하자면 결국 공공의 문제는 어느 정도 억제의 역할을 했다. 영화 작품은 씌어진 것과 동등한 가치를 갖는 것과 거리가 멀었다. 비록 자

---

79) 1893년부터 펠릭스 르고(Felix Regault) 박사는 서로 다른 민족에서의 기본적인 행동을 녹음하기 위해 고속도 촬영 기술을 사용했다. 그는 1912년에 다음과 같이 쓰기에 이른다: "우리가 충분한 필름을 소유하게 될 때, 우리들은 이 필름의 비교를 통해 일반적인 사고를 구상할 수 있을 것이다. 따라서 민족학은 민족사진술에서 탄생할 것이다." 1898년 토레스(Torrès) 해협의 여러 섬의 탐험에서 해든(A. C. Haddon)은 뤼미에르의 카메라를 가지고 이 지역을 촬영한 최초의 영화를 만들었다. 제1차 세계대전 이후, 소련인 지가 베르토프(Dziga Vertov)와 미국인 로버트 플래어티(Robert Flaherty)는 민족 영화가 될 두 개의 커다란 길을 개척한다. 즉 다큐멘터리 편집과 현실의 연출. 플래어티의 〈북극의 나누크 Nanook of North〉(1919-1922)라는 영화는 따라서 북극에서의 생활에 대한 진정한 각색으로 평가된다.

80) 마르크 피오(M. H. Piault)의 〈식민지에서부터 교역까지 Du colonialisme à l'échange〉(in J.-P. Colleyn)과 클리펠(C. de Clippel)의 〈내일의 민족 영화? Demain le cinéma ethnographique?〉, 《시네막시옹 Cinemaction》지 64호, 1992, p.65.

신들의 대상과 실천에 대해 성찰하는 인류학자들의 의지가 예사롭지 않은 대중에게 대조된다고 하더라도(한편으로 영화를 찍는 사람들, 다른 한편으론 동료, 대학생이나 전문가들과 같은 사람들이 아닌 기타의 다른 사람들처럼 영화를 소비하는 사람들).

스크린과 책에 관한 이러한 많은 질문들은 영향을 미치지 못한다. 왜냐하면 민족 영화가 여전히 아주 전문화된 생산물로 남아 있기 때문이다. 민족학자와 인류학자의 현재 조직이 앵글로-색슨 세계에 통합되어 있지만, 프랑스에서는 명성 있는 전통(장 루슈)에도 불구하고 영화는 부차적이며, 점점 더 텔레비전 프로덕션의 관심으로 남아 있다. 왜냐하면 사람들이 구체적인 법규가 분명하게 나타나 있지 않은 민족 영화를 가장 쉽게 바라보는 위험이 있는 것은 바로 이 작은 스크린(텔레비전)에서이기 때문이다. 다큐멘터·르포·비디오 탐사는 물론 효과적인 자기 반사의 효과를 만들어 낼 수 있지만, 이미지에 자동 반사의 효과의 재도입은(정교하고 민족학적인 해설을 이용한 것이 아닌) 훌륭한 액션, 사진(연판, 판박이 문구) 또는 아주 단순하게 촬영의 반복 사이에서 망설인다. 마지막으로 사람들은 자기 자신의 이미지를 거절할 수 있거나 이와는 반대로 구체적인 논증을 찾을 수 있다. 왜냐하면 이미지화한 것은 문화적 우월감의 감정에 근거하기 때문이다. 민족 영화는 전적으로 영화 효과를 지배하지 않지만, 영화가 표현하는 형식은 민족학자, 민족학자의 대상, 대중이 서로 만날 수 있고 이러한 모든 배우들이 묘사하는 문화가 서로 만날 수 있는 실험의 유일한 장소 영역으로 머문다.

2.3. 포스트모던의 사조

인류학을 문화 비평과 간 텍스트 강독의 계획으로 바꿔 놓은 미국의 포스트모던 사조는 어느 정도 (이미지의) 텍스트의 구조와 탈구조의 극단적으로 부자연스럽게 치장한 방식이다. 민족학적 명증의 첫번째 검토는 1970년대에 해석인류학을 만든 미국인 클리퍼드 거츠의 공적이었다. 그는 문화를 문체론적이며 표현적인 실체, 즉 현재 실현되고 있는 상징 체계로 정의한다. 파울 라비노우가 다음과 같이 지적하는 것처럼: "토착민들이 자기 자신들의 경험에 대한 해석을 만들어 낸다는 사상에서 출발한 인류학자의 임무는 토착민들이 자신들의 생활들(거츠에게 있어서 항상 복수형)에 제공하는 생활 형태의 방식을 이해하는 것일 뿐만 아니라 이러한 편집을 문제 제기하는 방식을 이해하는 것이다."[81]

거츠는 우리에게 실제로 1인칭 기술을 3인칭 기술과 대립해서는 안 된다는 사실을 설명하며, 심리분석가인 코허트의 '경험에 인접한' 개념들과 '경험에서 멀리 떨어진' 개념들이란 구별을 재인용한다. (토착민들의) 방언이나 (식자의) 은어에 떨어지는 것을 피하기 위하여 두 개의 도표에서 활동해야 한다. "… 어떻게, 개개의 경우에서 한 부족이 사는 방식의 해석, 즉 마술사에 의해 씌어진 마술의 민족학이란 자신의 정신적 수평선에 유폐되지 않고, 또한 기하학자가 기술하게 될 것과 동일한 마

---

81) 봉트(P. Bonte)와 이자르(M. Izard)의 《민족학과 인류학 사전 *Dictionnaire de l'ethnologie et de l'anthropologie*》(파리, 파리대학출판부, 1991, p.384)에서 거츠에 관한 주의사항.

술의 민족학과 같이 체계적으로 자신들의 존재와 구별되는 소리에 귀머거리가 아닌 해석을 도출하는 방식에 도움을 청해야 하는지를"(1986, p.74) 이해하는 것이 중요하다.

인류학적 대상의 이러한 새로운 이론화와 평행으로 포스트모던이라 불리는 철학과 프랑스 문학 비평에서 영감을 받은(바르트·리오타르·데리다) 민족학적 텍스트에 대한 강독이나 오히려 비평적인 재강독이 발달한다. 민족학에서 다양한 목소리를 인정하고(서양이 아닌 나라들의 인류학자들의 목소리), 타자에 대한 모든 담론의 객관성을 법정에 끌어내고, 이 연구자들은 무엇보다도 학문에서 묘사라는 고전 양식의 해체를 제안한다. 왜냐하면 후자(타자)에 대한 모든 담론의 객관성을 법정에 끌어내는 것은 암암리에 오래전부터 인류학자 자신의 사회에 대한 문화 비평이었기 때문이다. 인류학은 자신의 계획에서 역사적·정치적 모순을 밝혀야 한다. 인류학은 실험적인 프로젝트가 되었다.[82] 이러한 포스트모던적인 비평의 경험은 그 일부 비평 작업이 프랑스 민족학에 관련되어 있는 만큼 알려질 가치가 있다. 따라서 제임스 클리퍼드는 우리에게 모리스 린하르트와 마르셀 그리올의 작품의 훌륭한 분석을 제공한다.[83] 자신의 텍

---

82) 마르쿠스(G. Marcus)와 피셔(M. Fischer)의 《인류학과 문화 비평: 인문과학에서 실험의 순간》(시카고, 시카고대학교출판부, 1986)과 다넬(R. Darnell)의 〈내가 포스트모더니즘에 대해 알고 있는 두세 가지 일들—북아메리카 인류학에서의 '실험의 순간'〉, 《그라비다 *Gradhiva*》지, 17호, 1995, pp.3-15.

83) 위에서 인용한 스토킹(G. Stocking Jr)(1983)의 〈민족학에서의 힘과 대화—마르셀 그리올 입문 Power and Dialogue in Ethnography— Marcel Griaule's Initiation〉과 《모리스 린하르트. 뉴칼레도니아에서의 사람과 신비 *Maurice Leenhardt, personne et mythe en Nouvelle Calédonie*》(《그라비다 잡지 *Les Cahiers de Gradhiva*》, 1, 파리, 플라스 출판사, 1987)을 참조할 것.

스트 〈민족학에서의 권위〉에서 미국 인류학자는 중요한, 정치적이면서 동시에 인식론적이며 실용적인 질문을 던진다: "만약 민족학이 강도 높은 연구 경험에 기초한 문화적 해석을 생산한다면, 어떻게 사람들이 규칙이 없는 경험을 권위 있는 텍스트 이야기로 바꿀 수 있는가? 좀더 정확하게 말하자면 어떻게 말 많고, 다원적으로 결정되고 권력 관계와 교차한 개인적인 이해 관계의 관계로 더럽혀진 만남이 어느 정도 신중한 '다른 세상'에 적합한 해석이 되기 위해 개별적인 저자(개인 장본인)를 통해 번역되고 한정되며 구성될 수 있겠는가?"(1983, p.91) 텍스트 전략의 분석, 다른 사람들이 말하거나 우리가 말하는 것을 쓰고, 읽고, 번역하는(용어의 모든 의미에서) 방법의 분석 문학 비평의 형식일 뿐만 아니라, 사상사의 형식을 넘어, 작품에 대한 권력의 사회학이다: 어떻게 민족학자는 다른 사람들에게 자신의 존재와 자신의 질문을 강요하는가? 어떻게 민족학자는 상대방에 의해 겨우 그렇지 않으면 전혀 이해되지 않은(또는 어쨌든 가치 있는) 과학적 목적을 띤 대답을 이해하고, 해석하고, 조정하는가?

그렇지만 '언술'과 '담화'의 생산이란 책략을 격퇴한 나머지, 이러한 비평들은 마침내 현실의 세상과 텍스트의 세상을 혼동시킨다. 게다가 텍스트의 세상만이 현실적이다. 왜냐하면 이러한 만남, 이러한 청취, 이러한 대화를 증명할 수 있는 것은 유일한 것이기 때문이다. 이것이 어째서 클리퍼드가 여러 형태의 권위를 경험적 · 해석적 · 대화적 · 다성적 양식으로 구별하는지의 이유이다. 이러한 양식은 보편적이며 서구 인류학자들만의 그 어떤 특권도 아니다.

이러한 포스트모던한 주시는 학파보다 더 취미나 스타일의 문제에 관계되며, 확실히 소수에 한정된 미국인류학의 경향을 구성한다. 포스트모던한 주시의 유용성은 그렇지만 만약 우리가 그 한계를 인정한다면 그 어떤 의혹도 없다. 이것이 바로 정치사와 세계문화사의 한가운데 인류학을 다시 놓기 위해 **인류학의 소유권을 되찾자고** 제안하는 사람들이 하는 일이다(폭스, 1991). 인류학은 주석이 되어서는 안 되며 단지 주석 그 자체를 말해서도 안 된다. 민족학적 내용과 '적절한 표현'의 이용, 재공식화, '토착적인' 유사성은 대학 출판부나 국립과학연구소(CNRS)에 의해 출간된 작품들과 마찬가지로 불순하다. 과학적 담화는 인류학을 살아 있게 하는 사회적·문화적 모순의 객관화의 최후이자 최상의 형태이다.

결론: 멀어진 시선에서 공유된 시선으로

흘러간 세기는 민족학과 인류학이 태어나고 사회과학의 연주회에서 어느 정도의 자리를 잡는 것을 목격했다. 하지만 이러한 위치는 항상 불확실한 것처럼 보인다. 불확실하다. 왜냐하면 학문의 부단한 쇄신은 각 세대에서 자신의 관점에서의 동요처럼 만들어졌기 때문이다. 반면에 더욱이 민족학은 더 이상 존재하지 않는! 원시 사회 연구에서 이론상으로 정박되어진 인상을 주었다. 이러한 이원성은 기능적인 특성을 제시한다. 왜냐하면 서양은 항상 이데올로기적이거나 정치적인 이유로 인해 타자(주변의 새로운 국가들과 아주 마찬가지로)를 필요로 한다. 반면에 민족학과 인류학은 이 학문들이 오늘날 근원적이며, 신화적인(아울러 기만하는) 전통의 관찰보다는 오히려 '전통의 재발명'의 관찰에 열중하고 있다는 사실을 인정한다.

상당한 집중 작용을 표명하는 민족인류학의 극한 다양성 때문에 결정적인 결산을 설정하는 것이 어렵지만, 이 모든 것은 그 어떤 민족적 전통도 동일한 특성을 제시할 수 없기 때문에 따라서 상대적이다. 앵글로–색슨의 지배는 하나의 현상(최소한 양적으로)이지만, 프랑스 민족학은 다소간 앵글로–색슨의 지배에 특별하게 영향을 받은 것처럼 보이지 않고 계속하여 혼자 떨어져 있다.[84] 인류학은 인류학이 끊임없이 되풀이하는 옛 전통을 내세우는 고통스런 역설을 제시한다. 반면에 자신의 역사를 조심스럽게 다시 읽어야 하는 어려움은 선천적인 건망증처럼 증

명된다. 인류학은 영원한 재시작이며, 탐사지·사상·방법·장
르에 관한 대수롭지도 않은 모든 선택은 자신의 프로젝트의 본
질 자체에 영향을 미치는 일련의 관계와 표현에 자극을 준다.

그렇지만 제도적이며 전문화된 이러한 민족학의 세기는 우
리들에게 다음과 같은 몇 가지 임시 결론을 도출할 수 있도록
한다:

1. 인류학적 관점은 인간의 개인적이고 집단적인 경험의 총
체의 의지를 표시하지만, 그 대상의 일부의 특수화는 비교의
노력을 복잡하게 할 수 있다.

2. 탐사지의 탐사는 필수 불가결하지만 정치적 비평(식민지
주의에 대한 보고서), 포스트모던한 비평(민족학적 텍스트는
——과학적이거나 아주 단순히 추론적인——민족학의 단지 권위
만을 입증할 수 있다), 재정적 또는 행정적인 어려움이 그 탐사
를 취약하게 하는 것과 아주 마찬가지다.

3. 인류학은 이론적이며 개념적인 사색을 좋아한다; 변덕(가
시적이거나 선입관에 의한)이 없는 민족학이 살아남았다.

4. 점점 더 정통한 지역의 대화자의 존재(이들의 양성, 정확한
사회적 요구)는 개략적이며, 인위적이며 주관적인 민족학의 존
재를 재검토하게 한다. 사실들의 정확성(특히 사실들의 시간성)
은 견식 있는 아마추어주의를 배제한다. 그렇지만 기자, 전문

---

84) 연간지 《애뉴얼 리뷰 오브 안트로폴로지 *Annual Review of
Anthropology*》는 미국 잡지이다. 호당 18-20개 기사의 민족학에 대한 공
헌과 기사당 2백 개의 참고 문헌 때문에 우리들은 최소한 4반세기부터 네
개의 학과——생물인류학·언어학·고고학·민족학——의 의미로 1백
만 개의 참고 문헌을 갖게 될 것이다. 하지만 프랑스어로 번역되지 않은
작품은 거의 존재하지 않는다!

가, 토착적이거나 문화적인 투사들은 학자적인 담화보다 좀더 접근 가능하고 유용한 근친의 인류학을 만들어 낸다고 생각한다. 합법성의 새로운 위기, 이번에는 국제적인 과학적 합법성의 위기를 겨우 막 해결한 민족학을 기다린다. 그렇다면 민족학의 유일한 모델이 존재하는가?

실제로 공유된 시선이 먼 시선을 계승한다. 이러한 시선은 은유이다. 왜냐하면 그 어느 때보다도 더 문제가 되는 것은 글로벌한 경험이며, 청취 그리고 관찰이기 때문이다. 이러한 분할은 그 본질 자체에서 세계적인 경험을 정의한다. 왜냐하면 더 이상 센터(중심적이며, 전방으로 경사지고, 온정주의적이고, 결백하며, 남성적이며, 기타 등등한 시선)가 존재하지 않기 때문이며, 그러므로 센터의 주변 또한 더 이상 존재하지 않기 때문이다. 일부 사람들은 상호인류학[85]을 제안했지만, 이 모델은 먼 시선의 결함을 거꾸로 내쫓게 했을 뿐이다. 가장 중요한 문제는 지식과 명료함의 모델의 보급 문제이다. 난해한 지식을 대중화하거나 사회적·문화적·민족주의적·인종적 또는 토착민적인 요구의 민중선동에 양보하는 것이 중요하지 않다. 자신에 대한 담화가, 우리에게 관계되는 점에 대해 말하자면, 충분히 타자의 존재에 종속한다는 사실을 더욱 쉽게 인정하는 것이 중요하며, 이 타자에게 있어서 자신의 동일성은 우리가 타자에 대해 실행하는 담화를 통해 만들어진 것으로 여전히 남아 있다는 사실을 단지 인정하는 것이 중요하다.

이러한 모든 구별의 자연적인 이국적 정서, 모든 거리두기를

---

85) 알랭 르 피숑(Alain Le Pichon)의 기도인 《불규칙한 시선 *Le Regard inégal*》(파리, 라테스 출판사, 1991)을 참조할 것.

재검토하는 과정은 그렇다고 해서 있는 그대로의 세상의 현대적 해석을 만들어 내지 않는다. 인류학은 어떤 점에서는 자신의 이름을 감히 말하지 못하는 역사와 정치과학의 혼합물일 것이다. 왜냐하면 인류학은 자신이 현재에 대해 말하고, 그 담화가 문화적·지적 복종의 위계 관계에 감금되어 머물지만 항상 과거에 대해 생각하기 때문이다. 사회과학의 자격으로 인류학은 있는 그대로 연결되어질 수 없다. 이것은 명백하다. 즉 과학적 생성은 하나의 일이며, 과학적 생성의 대중화는 또 다른 일이다. 하지만 포스트모던적인 위치의 전제를 검토해 보기로 하자. 타자에게 접근하기 어려운 것으로 남아 있는 텍스트는 무엇을 의미하는가? 타자에 의한 민족학과 인류학의 재발명을 상상하는 것에 이르지 못하는 학문의 중요성은 무엇인가? 요컨대, 북아메리카 인디언 이로쿼이 부족, 페르시아 사람 또는 문학 속의 내처즈(Natchez)[86]를 자격이 있는 민족학자로 변형하지 않는다면 제기되는 새로운 문제가 없을 것이다. 말하자면 이러한 문화의 형상을 한 민족학자들의 후손들이 자신들의 주제에 대해 만들어진 지식을 실제로 이해할 수 있을까? 서양식의 대학 교육의 모방이 타자가 서양의 참고 문헌적인 모든 위인 속에서의 대상이 아닌 형제인 타자로서 자신을 상상하는 것을 아는 것이 충분한가? 인류학은 사람들이 가입한 종교가 아니며, 또한 사람들이 감염된 질병도 아니다. 인류학은 동일한 운동으로 **함께**라고 간주된 자아와 타자로의 회귀이지만, 5세기 전부터 일방통행이란 관계의 습관은 동일한 효과를 만들어 낼 이러한 관계

---

86) 내처즈는 미국 미시시피 주 남서부 애덤스 군의 군청소재지(1817)이며, 미국 미시시피 주에 살던 북아메리카 부족을 일컫는다. 〔역주〕

의 반전을 허락하지 않는다.

사회 경험의 세계화가 존재하며, 따라서 민족학과 인류학을 만드는 방식의 세계화도 존재한다. 재료에서의 유산의 불평등은 그렇지만 상황이 하룻밤 새에 바뀌기 위해서는 너무나 명백하다: 가장 시사적인 해석으로의 인류학의 유입과 번안은 엄격한 제도적·재정적 제약에 복종하지만 마찬가지로 지적이며 심리적인 제약에 복종한다. 아주 종종 이러한 학문의 간판은 '멋진 야생에서' 라고 게시하고 있다. 이것은 멋진 부지깽이를 만들지만 또한 훌륭한 형태의 광고이며, 그 정도로 그치는 연구자들이 너무 많다.

따라서 어떻게 현대성의 인류학을 만들 것인가? 이것은 무엇보다도 자체로서의 대상이 아니며, 또한 새로운 대상도 아니다. 왜냐하면 민족학의 모든 영역이 현시점의 현대성에 의존하고 있기 때문이다. 집행유예중에 있는 인구에 대해 말하지 않는다면, 민족학이 남기 위해서, 현재의 관찰이, 환상과 애매성이 없이, 현재 시제의 관찰이기 위해서는 민족학이 고고학이나 역사학이 되어야 한다는 것은 확실하다. 이것은 또한 현실화되는 것처럼 보이는 프로젝트의 대체물이 아니다. 반면에 그 과거는 점점 더 빠르게 사라진다. 마지막으로 그 프로젝트가 민족학적이거나 인류학적인 수식어의 권위를 보존하기 위해서는 그 어떤 목적에 만족하게 될 사실 상태의 편의주의가 또한 더 이상 중요한 것이 아니다.

발랑디에에 의해 지금으로부터 10년 전에 제안된 회귀로의 절차는 모든 유효성을 여전히 보존하고 있다. 왜냐하면 초기의 목적은 현대성의 표지, 즉 "확인되지 않았거나 잘못 확인되고, 당치도 않은 사회와 문화의 새로운 영역"을 이해하고 확인하는 것이었기 때문이다. 현대성은 새로움의 전통일 것이며, "사회와 문화의 현재의 모습을 지칭해야만 할 때——이 두 모습 위에서 공통어는 거의 취해지지 않았다——부족화를 사회의 분열로 명명하고, 오럴로의 강력한 회귀와 미디어의 표현으로 도상화를 표현하고, 민족학자에 의해 연구된 문화 정보 세계와 마찬가지로 어리둥절한 문화 정보 세계를 말하거나, 현대적 상상력의 생산물을 전통으로 받아들인 신화와 동일한 것으로 해석하는 것이 중요할 때"(1985b, p.16) 인류학은 필수 불가결하다.

물론 이러한 비교는 오히려 방법론적일 수 있다. 왜냐하면 민족학이 '전대미문의 지역'을 연구하고, 민족학의 목적이 오히려 그 자체로서의 사회적 또는 문화적 특수성을 연구하고 말하는 방식이 되었기 때문이다. 민족학은 그렇지만 현재 시점의 시제의 학문으로 머문다. 말하자면 비형식적인 구두의 청취 능력, 함축적인 것이나 비공식적인 것, 미묘함——이 미묘함과 더불어 민족학은 대중의 현상들을 이해한다(소비 사회 또는 텔레비전의 세계라 불리는 사회처럼)—— '완전한 사회 현상' (학교, 기업)을 재구성하기 위한 민족학의 능력은 민족학에게 인식과 상징을 선호하고, 자칭하여 문화와 실천이란 영원한 구조에 대해 관심을 표명하는 인류학과 구별될 사회인류학이나 문화인류학의 기초 방법으로 머물게 허락할 것이다.[87]

---

87) 우즈(P. Woods)의 《학교의 민족학 *L'Ethnographie de l'école*》(파리, 아르망 콜랭 출판사, 1990)과 프네이롤(N. Feneyrol)의 《사회로서 기업을 배운다. 기업에서의 민족학 시론 *Apprendre l'entreprise comme société. Essai d'ethnologie dans l'entreprise*》(파리, 이레스코, 국립과학원, 1993)을 참조할 것.

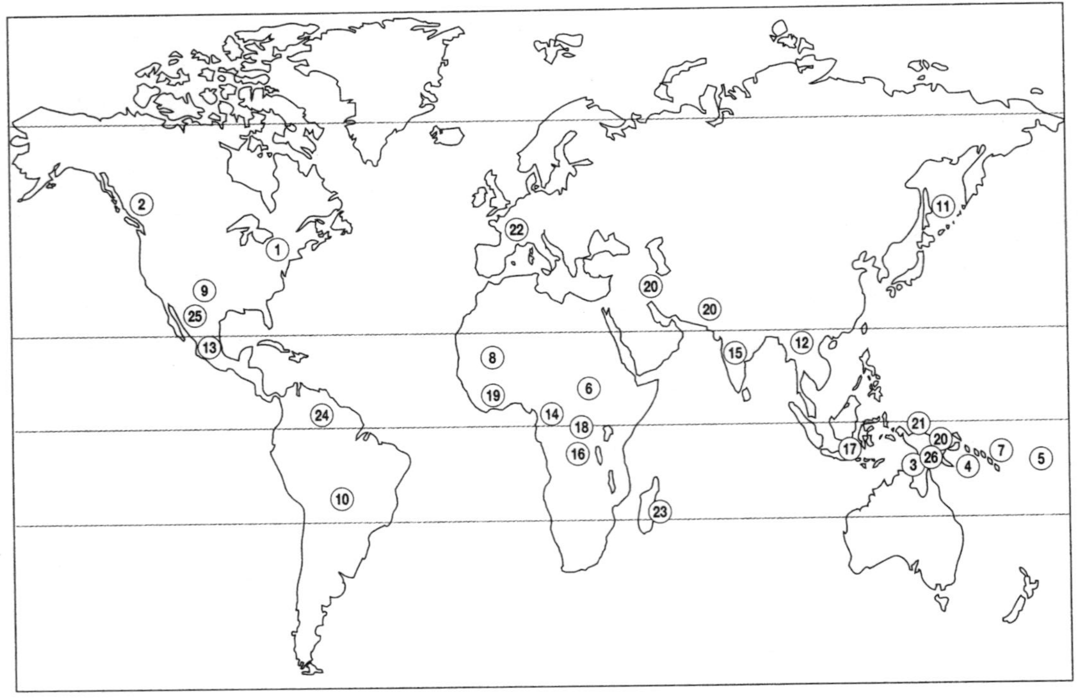

스물여섯 개의 민족학 대탐사지 위지도

스물여섯 개의 위대한 앙케트

	저자	탐사지	년도	영역	일반적인 특징
1	모건(L. H.) (미국)	이로쿼이(미국)	1850	이론	친족에 관한 최초의 앙케트
2	보아스(F.) (미국)	저셉 북-태평양 탐험(미국-캐나다)	1986	방법론	여러 전문 분야의 공동 연구 및 강도 높은 자료 수집
3	해든(A. C.) (영국)	오스트레일리아- 뉴기니아	1899	방법론	여러 전문 분야의 공동 연구 및 강도 높은 자료 수집
4	말리노프스키 (G. B.)(영국)	트로브리언드	1915-17	방법론 이론	참여하는 관찰
5	미드(M.) (미국)	사모아/ 아미로테 군도	1925-29	이론	문화
6	에번스-프리 처드(E. E.)(영국)	뉴어(수단)	1930	이론	완전한 기능주의 적인 전문 연구
7	퍼스(R.) (영국)	티코피아-샐러몬 군도	1928	이론	경제, 1973년까지 연구 수행
8	그리올(M.) (프랑스)	도곤(말리)	1931-48	민족학	최초의 프랑스 탐사
9	스튜어드(J.) (미국)	푸에블로 쇼숀(미국)	1930-36	이론	신-진화론과 문화생태학
10	레비스트로스 (C.)(프랑스)	남비카라/ 보로로(브라질)	1936-38	이론	가장 영향력 있는 가장 짧은 탐사
11	르루아-구랑 (A.)(프랑스)	일본	1939	고고학, 민족학	기술민족학 및 선사민족학
12	리치(E.) (영국)	카친(비르마니)	1940-45	이론	검토되고 교정된 기능주의

13	루이스(O.) (미국)	멕시코, 포르토 리코	1943-64	방법론	복수생활과 가족 생활의 이야기
14	발랑디에(G.) (프랑스)	팡/바콩고 (중앙아프리카)	1948-52	이론	식민지 상황과 메시아 신앙
15	스리니바스 (M.N)(인도)	카르나타카(인도)	1948	전공 논문	사회인류학의 인도화
16	더글러스(M.) (영국)	렐레(콩고)	1949-53	전공 논 문, 이론	상징의 사회인류학
17	거츠(Cl.) (미국)	발리-자바 (인도네시아)	1952-53 1957-58	이론	해석인류학
18	턴벌(C.) (미국)	므부티(자이르)	1957-58	이데올 로기	민족학적 문화적 신화
19	메이야수(C) (프랑스)	구로 (코트-디부아르)	1958	이론	최초의 '마르크스 주의' 민족학
20	바스(F.) (노르웨이)	페르시아, 파키 스탄, 뉴기니아	1950-70	이론	대조 탐사와 이론 의 혁신: 민족성
21	메기트(M. J.) (영국)	뉴기니아	1960	방법론	친족에 적용한 통계학
22	공동 연구 (프랑스)	오브라크(프랑스)	1936-66	민족학	소지역 통합
23	알타브(G.) (프랑스)	마다가스카르	1960	방법론, 이론	완전한 사회 현상 의 새로운 형식
24	채넌(N.) (미국)	야모마미 (베네수엘라)	1964-72	방법론, 이데 올로기	탐사지에서 컴퓨터 작업, 폭력의 신화
25	캐스터네다 (C.)(미국)	야키(미국)	1965	이데 올로기	자신에 관한 앙케트
26	고들리에(M.) (프랑스)	바루야(뉴기니아)	1967-79	민족학, 이론	마르크스주의자가 본 성의 불균형

참고 문헌

1. 개요서 및 역사

ABÉLÈS M., *Anthropologie de l'État*, Paris, A. Colin, 1990.

ADAM J.-M. *et al.*, *Le Discours anthropologique, description, narration, savoir*, Paris, Méridiens-Klincksieck, 1990(프랑스어로 된 아주 드문 민족학 분석 텍스트 중의 하나).

ALTHABE G., FABRE D., LENCLUD G., *Vers une ethnologie du présent*, Paris, Coll. 〈Ethnologie de la France〉, Cahier 7, Éditions de la MSH, 1992.

AUGÉ M., *Le Sens des autres-Actualité de l'anthropologie*, Paris, Fayard, 1994a.

— *Pour une anthropologie des mondes contemporains*, Paris, Aubier, 1994b.

BARÉ J.-F., *Les Applications de l'anthropologie-Un essai de réflexion collective depuis la France*, Paris, Karthala, 1995(소수민족, 기업, 개발, 건강 등의 문제에 관한 현대인류학의 실용적 · 정치적 이용에 관한 전집).

BONTE P. et IZARD M., *Dictionnaire de l'ethnologie et de l'anthropologie*, Paris, PUF, 1991(진정한 민족학, 인류학 백과사전이지만 현대인류학 부분이 미흡한 단점이 있다).

CLIFFORD J., 〈De l'autorité en ethnographie〉, in *L'Enthnographie*, n° 2, 1983, pp.87-118.

COPANS J. et JAMIN J., *Aux origines de l'anthropologie française*, Paris, J.-M. Place, 1994.

CUISENIER J. et SEGALEN M., *Ethnologie de la France*, Paris, PUF, coll. 〈Que sais-je?〉, n° 2307, 1986.

DUCHET M., *Anthropologie et Histoire au siècle des Lumières*, Paris, Flammarion, 1978.

DESCOLA Ph. *et al.*, *Les Idées de l'anthropologie*, Paris, A. Colin,

1988(원인, 기능, 구조에 관한 논문은 아주 추상적이다).

FOX R. G., *Recapturing Anthropology–Working in the Present*, Santa Fe, School of American Research Press, 1991.

GHASARIAN C., *Introduction à l'étude de la parenté*, Paris, Seuil, coll. 〈Points〉, n° 318, 1995.

L'Homme, 〈Anthropologie–État des lieux〉, Paris, Le Livre de Poche, 1986.

KILANI M., *Introduction à l'Anthropologie*, Lausanne, Payot, 1992.

KUPER A., *The Invention of Primitive Society–Transformation of an Illusion*, Londres, Routledge, 1988.

MATHIEU N. C., *L'Arraisonnement des femmes, essais en anthropologie des sexes*, Paris, EHESS, 1985. '남성적' 전통에 문제를 제기한 비평서지만 구체적인 접근을 또한 제안하고 있다.

MERCIER P. *Histoire de l'anthropologie*, Paris, PUF, 1966.

MIDDLETON J., *Anthropologie religieuse, textes fondamentaux*, Paris, Larousse, 1974.

Musées et sociétés(1991년 6월 프랑스 전국 학술대회; 1980–1993년 프랑스박물관 분석 목록) — 프랑스 교육부와 문화부 — 프랑스박물관 지도국 — 1993. 프랑스 민족학 심포지엄 및 1백여 개의 박물관 목록.

OLIVIER DE SARDAN J.-P., *Anthropologie et développement–Essai en socio–anthropologie du changement social*, Paris, Karthala, 1995a.

— 〈La politique de terrain–Sur la production des données en anthropologie〉, *Enquête* 1, 1995b, pp.71–109.

PAGDEN A., *The Fall of Natural Man–The American Indian and the Origins of Comparative Ethnology*, Cambridge, Cambridge University Press, 1982.

Peuples du monde, races, rites et coutumes des hommes, Encycolpédie Atlas, 10 vol., Lausanne, Éditions Grammont S. A., 1975(앵글로–색슨의 전문 인류학자들이 만든 일반 대중 개요서로 서양 및 러시아를 또한 다루고 있다).

POIRIER J., *Ethnologie générale*, Encyclopédie de la Pléiade, Paris,

Gallimard, 1968. 30년의 분석이지만 여전히 유용하다.

— *Ethnologie régionale*, 2 vol., Encyclopédie de la Pléiade, Paris, Gallimard, 1972(아주 기술적이며 토론 가능한 민족학적 분석).

ROULAND N., *Anthropologie juridique*, Paris, PUF, coll. 〈Que sais-je?〉, n° 2528, 1990.

SEGALEN M., *L'Autre et le Semblable, regards sur l'ethnologie des sociétés contemporaines*, Paris, CNRS, 1989. 프랑스 국외의 민족학과 프랑스의 민족학 사이에 현재 진행중인 논쟁을 구성하고 있는 콜렉션 모음집.

TODOROV T., *Nous et les Autres-La réflexion française sur la diversité humaine*, Paris, Seuil, coll. 〈Points〉, n° 250, 1989.

ZIMMERMANN F., *Enquête sur la parenté*, Paris, PUF, 1993(독창적일 뿐만 아니라 역사적이며 동시에 기술적인 성찰을 하고 있는 작품. 입문서 는 아니지만 친족을 전공하지 않는 사람도 읽을 수 있다. 사고의 역동성이 돋보이는 작품).

2. 고전

이 학문의 위대한 작품을 인용하거나 선별하는 것은 불가능하다. 그만큼 작품의 수가 많기 때문이다. 우리는 본서에서 인용된 작품만 을 인용하기로 한다.

AUGÉ M., *Théories des pouvoirs et idéologie, étude de cas en Côte-d'Ivoire*, Paris, Hermann, 1975. 예언적일 뿐만 아니라 관념적이 고 논리적인 민족학의 효시에 속하는 작품.

BAILEY F. G., *Les Règles du jeu politique-Étude anthropologique*, 프랑스어 번역본, Paris, PUF, 1971.

BALANDIER G., *Sociologie actuelle de l'Afrique noire*, Paris, PUF, 1955.

— *Anthropologie politique*, Paris, PUF, 1967.

— *Anthropo-logiques*, Paris, Le Livre de Poche, 1985a.

— *Le Détour-Pouvoir et modernité*, Paris, Fayard, 1985b.

BASTIDE R., *Anthropologie appliquée*, Paris, Payot, 1971.

CLASTRES P., *La Société contre l'État*, Paris, Minuit, 1974.

DURKEIM E., *Les Formes élémentaires de la vie religieuse*, Paris, PUF, 1960(초판).

ENGELS F., *L'Origine de la famillle, de la propriété privée et de l'État*, 프랑스어 번역본, Éditions Sociales, 1954(초판 1891).

EVANS-PRITCHARD E. E., et FORTES M., *Systèmes politiques africains*, 프랑스어 번역본, Paris, PUF, 1964(초판 1940).

GEERTZ C., *The Interpretation of Culture*, New York, Basic Books, 1973.

— *Savoir local, savoir global-Les lieux du savoir*, 프랑스어 번역본, Paris, PUF, 1986(초판 1983).

GLUCKMAN M., *Politics, Law and Ritual in Tribal Society*, Oxford, B. Blackwell, 1965.

GODELIER M., *Rationalité et irrationalité en économie*, Paris, F. Maspero, 1966.

— *Un domaine contesté: l'antropologie économique*, Paris, Mouton, 1974.

— *La production des Grands Hommes-Pouvoir et domination masculine chez les Baruya de Nouvelle-Guinée*, Paris, Fayard, 1982.

LEACH E., *Les Systèmes politiques des hautes terres de Birmanie*, 프랑스어 번역본, Paris, Maspero, 1972(초판 1953).

LEIRIS M., *Cinq Études d'ethnologie*, Paris, Denoël, 1969.

LEROI-GOURHAN A., *L'Homme et la Matière(I-Évolution et technique; II-Milieu et techniques)*, Paris, A. Michel, 1946.

— *Le Geste et la Parole(I-Technique et langage; II-La Mémoire et les rythmes)*, Paris, A. Michel, 1964, 1965.

— *Les Religions de la préhistoire*, Paris, PUF, 1964.

LÉVIS-STRAUSS Cl., *Anthropologie structurale*, Paris, Plon, 1958.

— *Le Totémisme aujourd'hui*, Paris, PUF, 1962a.

— *La Pensée sauvage*, Paris, Plon, 1962b.

— *Anthropologie structurale deux*, Paris, Plon, 1973.

— *La Voie des masques*, Paris, Plon; 수정판 1979.

— *Le Regard éloigné*, Paris, Plon, 1983.

LÉVY-BRUHL L., *La Mentalité prélogique*, Paris, Alcan, 1922.

LEWIS O., *Les Enfants de Sanchez*, 프랑스어 번역본, Paris, Gallimard, 1963(초판 1961).

— *La Vida-Une famille porto-ricaine dans une culture de pauvreté: San Juan et New York*, 프랑스어 번역본, Paris, Gallimard, 1969(초판 1965).

MEILLASSOUX Cl., *Femmes, greniers et capitaux*, Paris, Maspero, 1975.

— *Terrains et Théories*, Paris, Anthropos, 1977(논문집, 특히 1960년에 간행된 〈Essai d'interprétation du phénomène économique dans les sociétés traditionnelles d'auto-subsistance〉가 실려 있다).

SAHLINS M., *Âe de pierre, âge d'abondance*, 프랑스어 번역본, Paris, Gallimard, 1976(초판 1972).

— *Au cœur des sociétés-Raison utilitaire et raison culturelle*, 프랑스어 번역본, Paris, Gallimard, 1980a(초판 1976).

— *Critique de la sociobiologie-Aspects anthropologiques*, 프랑스어 번역본, Paris, Gallimard, 1980b(초판 1976).

VAN GENNEP A., *Les Rites de passage*, Paris, Nourry, 1909.

3. 연구서

ABÉLÈS M., *Jours tranquilles en 89, ethnologie politique d'un département française*, Paris, Odile Jacob, 1989.

APPADURAI A., 〈Global Ethnoscapes: Notes and Queries for a Transnational Anthropology〉, in Fox, *op. cit.*, pp.191-210.

AUGÉ M., *Génie du paganisme*, Paris, Gallimard, 1982.

AUGUSTINS G., *Comment se perpétuer? Devenir des lignées et destins des patrimoines dans les paysanneries européennes*, Paris, Société d'ethnologie, 1990.

BAYART J.-F., MBEMBE A., TOULABOR C., *Le Politique par le bas en Afrique noire-Contributions à une problématique de la démocratie*, Paris, Karthala, 1992.

BAZIN J. et TERRAY E, *Guerres de lignages et guerres d'État en Afrique*, Paris, Éditions des Archives contemporaines, 1982.

BROMBERGER C., *Le Match de football-Ethnologie d'une passion partisane à Marseille, Naples et Turin*, Paris, Éditions de la MSH, 1995.

CONDOMINAS G., *L'exotique est quotidien, Sar Luk, Vietnam central*, Paris, Plon, 1965.

COPANS J., *Les Marabouts de l'arachide. La confrérie mouride et les paysans du Sénégal*, Paris, Sycomore, 1980(수정판, L'Harmattan, 1988).

DARBON S., *Rugby mode de vie. Ethnographie d'un club-Saint-Vincent de Tyrosse*, Paris, J.-M. Place, 1994.

FAINZANG S. et JOURNET O., *La Femme de mon mari*, Paris, L'Harmattan, 1988(아프리카에서 이민 온 프랑스 거주 아프리카인들의 일부다처제에 대한 훌륭한 분석).

GOODY J., *La Raison graphique. La domestication de la pensée sauvage*, 프랑스어 번역본, Paris, Minuit, 1979. 사회인류학에 대한 성찰을 하고 있는 작품. 즉 권력의 창조와 쓰기 및 오럴의 차이에 대한 의미를 설명.

JOLAS T. *et al.*, *Une campagne voisine. Minot, un village bourguignon*, Paris, Éditions de la MSH, 1990.

LANGANEY A., *Les Hommes, passé, présent, conditionnel*, Paris, A. Colin, 1988(물리생물학 또는 오히려 생물인류학 입문서에 해당되는 작품).

PRICE S., *Arts primitifs; regards civilisés*, 프랑스어 번역본, Paris, École nationale supérieure des beaux-arts, 1995. 원시 예술의 상업 및 원시 예술을 가치 있게 하는 방식에 관한 연구서.

POTIGNAT Ph., STREIFF-FENART J., *Théories de l'ethnicité*, de F. Barth, *Les groups ethniques et leurs frontières*, 프랑스어 번역본, Paris, PUF, 1995.

REED E., *Féminisme et Anthropologie*, 프랑스어 번역본, Paris,

Denoël, 1979(인간의 역사에서 페미니즘을 완전히 재기술한 가장 근원적
이며 가장 토론의 여지가 많은 작품 중의 하나).

SEGALEN M., *Mari et femme dans la société paysanne*, Paris,
Flammarion, coll. 〈Champs〉, n° 190, 1980.

WEINER A., *La Richesse des femmes. Ou comment l'esprit vient
aux hommes(îles Trobriand)*, Paris, Le Seuil, 1983.

WILSON E. O., *L'Humaine Nature: essai de sociobiologie*, 프랑스어
번역본, Paris, Stock, 1979(초판 1978).

WRIGHT S., *Anthropology of Organizations*, Londres, Routledge, 1994.

WYLIE L., *Un village du Vaucluse*, 프랑스어 번역본, Paris,
Gallimard, 1968(초판 1957)(1948년 미국 인류학자에 의해 수행된 연구서로
역사적 증명의 가치를 갖는 고전적인 문화주의자적인 성찰서).

YOUNG E., *Third World in the First—Development and Indigenous
People*, Londres, Routledge, 1995.

4. 잡지

전문 잡지 또한 그 수가 많다. 그 중에서 다음의 잡지 목록을 인용
할 수 있다:

미국: *American Anthropologist, Current Anthropology,
Annual Review of anthropology*(1972년부터 발행되는 연간 잡지)
영국: *Man, Anthropology Today*
프랑스: *L'Homme, Terrain, Gradhiva, Journal des Anthropologues,
Ethnies, Xoana—images et sciences sociales, Ethnologie française,
Techniques et Culture*
퀘벡: *Anthropologie et Sociétés*

시각적 인류학-영화

민족 영화는 학문의 전문화 과정인 동시에 학문을 교육하고 비전문 민족학자에게 학문을 알게 할 수 있는 가장 훌륭한 방법 중의 하나이다. 최초의 설명이 붙은 목록은 프랑스 도서관(Bibliothèque de France)을 위해 피오(Marc H. Piault)가 작성한 2천5백 개의 목록을 자랑한다. 많은 민족-영화인들 사이에서 인류학적 · 영화적 성찰을 동시에 추구해 온 민족학자 겸-영화인들을 구별해야 한다. 다음이 바로 이들의 명단이다:

D. et J. MAC DOUGALL, 〈허드 부족과 살아가다 To Live with Herds〉(우간다, 1968).
— 〈낙타 결혼 Wedding Camels〉(소말리아, 1976).
John MARSHALL, 〈쿵! 여사 이야기 N!ai, The Story of a !Kung Woman〉(보츠와나, 1976).
Jean ROUCH, 〈화살로 하는 사자 사냥 La Chasse au lion à l'arc〉(나이지리아, 1966).
— 〈나는 검둥이 Moi un Noir〉(코트 이부아르, 1957).
Timothy ASH, 〈짐승 The Feast〉(베네수엘라, 1970).
Eliane de LATOUR, 〈권력의 시간 Les Temps du pouvoir〉(1992).
여기에 J. Dunlop와 M. Llewelyn-Davies가 공동 제작한 〈마사이족의 여자들 Massai women〉(케냐, 1974)를 추가할 수 있다.

많은 텔레비전 방송에서 민족학 특집 시리즈를 제작했으며, 다음 방송을 인용할 수 있다:

〈사라지는 세계 The Disappearing World〉(그라나다).
〈태양 아래서 Under the Sun〉(BBC). 일본 NHK 방송에서 제작한 시리즈물과 Nippon A. V. Production에서 제작한 〈우리들의 멋진 세상 Our Wonderful World〉을 예로 들 수 있다.

다음의 영화는 비디오 컬렉션에서 찾아볼 수 있다:

〈내 인생의 영화 Les Films de ma vie〉(Jean Rouch의 영화).
〈중대사건 Grand Format〉, La Sept vidéo(특히 B. Connolly와 R. Anderson이 공동 제작한 뉴칼레도니아에 관한 세 개의 비디오).

마지막으로 시청각 인류학 컬렉션(EHESS/La Sept vidéo)은 인류학자의 작품을 동반한 다음의 세 개의 영화를 제안한다:

1. 〈니아의 길 Les Chemins de Nya〉 〈말리에서의 소유 의식 Culte de possession au Mali〉, J.-P. Colleyn(1988).
2. 〈느크피티 Nkpiti〉 〈원한 또는 예언 La Rancune ou le prophète〉, M. Augé et J.-P. Colleyn(1990).
3. 〈권력의 시대 Les Temps du pouvoir〉, E. de Latour(1992).

마지막으로 매년 파리에서 개최되는 두 개의 중요한 페스티벌, 즉 '현실 영화(Le cinéma du réel)'와 '민족 영화 결산(Le bilan du film ethnographique)'을 주목하자.
이 페스티벌에 대한 문의나 현장에서의 자문 또는 예약을 위해서는 다음의 협회나 기관을 환기하도록 하자:

오데캄(Audecam)-ministère de la Coopération, 100, rue de l'Université, 75007 Paris.
Tél: 45 51 28 24(카탈로그를 비치하고 있음).
국립 과학 연구소 필름 보관소(Cinémathèque du CNRS)-Audiovisuel(CNRS Audiovisuel-Diffusion), 1, place Aristide Briand, 92190 Meudon. Tél: 45 07 56 85(카탈로그를 비치하고 있음).
시각인류학 프랑스 필름보관소협회(Cinémathèque de la Société française d'anthropologie visuelle), 5, rue des Saint-Pères, 75006 Paris. Tél:

42 60 25 76. A.T.P(박물관에서 예약으로 대여).

민족 영화-인간박물관협회(Le Comité du film ethnographique-musée de l'Homme), place du Trocadéro, 75016 Paris. Tél: 47 04 38 20.

인류학과 영화 그룹(Groupe Anthropologie et Cinéma)(Centre d'études africains-EHESS), 54, bd Raspail, 75006 Paris. Tél: 49 54 24 01. 컴퓨터 베이스 데이터 소장(영화 · 사진 · 음향).

프랑스 비디오보관소(Vidéothèque)(ORSTOM/Centre de documentation en ethnomédicine/CNRS-audiovisuel/Mission du Patrimoine), 1천 개의 영화 소장-EHESS.

마지막으로 마르세유 소재의 '지중해 연구와 창조(Institut méditerranéen de recherche et de création)'에 의해 조직되는 페스티벌과 연수 교육을 참조할 것: (Centre Vieille Charité-EHESS), 2, rue de la Charité, 13002 Marseille.

Tél: 91 56 16 44.

마르크 피오 씨의 협조에 감사드립니다.

협 회

서바이벌 인터내셔널(Survival International)(프랑스)은 1969년 런던에서 만들어진 국제 조직의 프랑스 지부로 원주민이나 토착민의 권리를 옹호하고 있다. 이 기구는 일흔다섯 개 국가에 대표부가 있으며 유엔, 유네스코, 유럽연합, 국제노동기구에서 자문기구 역할을 한다. 아울러 이 기구는 일부 개발 프로젝트의 파괴 효과를 조사하고, 세계적인 여론화에 공헌하며 전세계에 개발 프로젝트에 개입하고 있다. 이 기구는 《뉴스 *Les Nouvelles*》라는 보고서와 《민족학 *Ethnies*》이라는 잡지를 발행하고 있으며, 문의 주소는 다음과 같다:

주소: 45, rue du Faubourg du Temple
75010 Paris
Tél: 01 42 41 47 62

프랑스 인류학자협회(AFA)는 많은 전문 연구자들과 젊은 연구자 및 박사학위 소지자를 재결집하고 있는 단체이다. 이 협회는 학문의 스펙트럼 전체를 커버하며, 《인류학자 저널 *Journal des Anthropologues*》(년 4회)과 정보 보고서인 《토막 뉴스 *Les Nouvelles brèves*》를 발행한다.

주소: AFA-EHESS
1, rue du 11 Novembre
92120 Montrouge
Tél: 01 46 12 18 65

역자 후기

이 책은 프랑스의 대표적인 지성 출판사 중의 하나인 나탕 (Nathan) 출판사가 기획한 인문사회과학 총서 시리즈 중의 한 권인 피카르디-쥘 베른(Picardie-Jules Verne)대학교의 장 코팡(Jean Copans) 교수가 쓴 《민족학과 인류학 개론 *Introduction à l'ethnologie et à l'anthropologie*》(1996년)을 완역한 책이다.

무엇보다도 이 책은 전문적인 학문을 소개하는 개론서임에도 불구하고, 저자 특유의 함축적이고도 간결한 문체로 민족학과 인류학이란 두 개의 학문을 한데 묶어 약 1백30페이지의 짧은 원본으로 소개하고 있다는 사실이 돋보인다 할 수 있겠다. 따라서 이와 같은 민족학과 인류학에 대한 간결하고 종합적인 분석은 프랑스어를 모국어로 하는 사람들에게는 이 두 학문의 이해에 있어 큰 장점으로 부각될 수 있을 것이다. 하지만 프랑스어가 모국어가 아닌 외국인들에게는 이러한 함축성이 이 책의 강독에 오히려 큰 장애가 될 수 있을 것이며, 바로 이 점이 이 책의 번역의 동기이자 의의라고 할 수 있겠다.

이 책의 번역을 처음 제의받고 기존의 번역서와 마찬가지로 많은 갈등이 따랐다. 왜냐하면 이 번역서 또한 국내에 소개되어 있거나 인기를 구가하고 있는 그런 학문이 결코 아니라는 사실과 전문 학술 연구의 개론서라는 원서의 특수한 성격 때문이었다. 하지만 동문선 사장님의 완곡한 부탁과 비록 이 책이 경제적 가치와는 무관하다고 해도 꼭 번역되어 국내에 소개되어야 할 책이며, 또 누군가는 반드시 이 일에 뛰어들어야 한다는 사명감이 본서의 번역을 부추겼다.

이렇게 시작된 번역이었지만 역자의 민족학과 인류학에 대한 무지와 필자 특유의 함축적인 문체는 번역의 진행을 더디게 했다.

민족학과 인류학이 어의 그대로 우리 인간의 탄생에서부터 삶과 죽음에 이르는 사회, 문화적인 문제를 총괄하는 학문이기에 그 방대한 영역의 탐색은 실로 엄청난 양의 작업이었을 것이라는 사실은 자명한 이치일 것이다. 하지만 원저자인 코팡 교수는 이런 광의의 두 학문을 마치 컴퓨터의 압축 파일처럼 얼마 되지 않은 페이지 속에 압축하여 독자들에게 제시해 놓았던 것이다. 따라서 역자는 이 압축 파일을 풀기 위한 해독 작업에 온힘을 쏟아 부을 수밖에 없었다. 특히 국내에 소개되지 않은 두 학문의 전문 용어를 비롯하여 수없이 등장하는 고유명사와 인명·지명, 그리고 참고 문헌의 우리말 번역에서 가장 큰 고심을 하지 않을 수 없었다. 전문 서적의 우리말 번역이란 특성을 고려하여 가급적이면 원서 및 원의에 충실하여 본 번역을 진행했음을 밝혀둔다.

이 책은 모두 5부로 구성되어 있다. 제1부에서는 인류학과 민족학, 이 두 학문의 직업의 문제를 다루고 있으며, 제2부에서는 두 학문의 기원의 문제를 비롯하여 모델, 종의 기원과 자연과의 문제를 다루고 있다. 제3부에서는 성과 혈족, 정치 제도, 경제 제도와 같은 사회 전반에 대한 문제를, 제4부에서는 문화와 상징, 언어와의 관계를, 마지막 제5부에서는 민족학과 인류학의 쇄신과 변화에 대한 고찰로 특히 두 학문의 현대 사회에서의 문제를 포스트모더니즘과 사회학적 관점에서 분석하고 있다.

특히 이 책의 독창성은 이 책의 말미에 첨가되어 있는 부록편으로, 민족학이나 인류학에 관심 있는 독자나 학생 및 연구자들을 위해 지금까지 행해 온 중요한 전세계 스물여섯 개의 민족인류학적 앙케트와, 중요한 참고 문헌을 제시하여 독자들에게 편의를 제공하고 있다는 점이다. 또한 이 두 학문에 관계된 영화 및 비디오 목록, 관련 협회의 주소 및 전화번호까지 상세하게 소개되어 있어, 누구든지 쉽게 민족학과 인류학에 접근할 수 있는 모든 배려를 아끼지 않고 있다는 점이 이 책의 또 다른 매력으로 여겨진다.

따라서 민족학이나 인류학에 관심 있는 독자들은 이 책을 통하여 서양에서의 민족학과 인류학의 탄생에서부터 현대에 이르는 전 과정을 일목요연하게 살펴볼 수 있을 것이다.

아무쪼록 이 책이 고사 직전의 인문학 연구에 또 다른 자극제가 되었으면 하는 간절한 마음과 우리나라 민족학 및 인류학 연구에 작은 빛이라도 되었으면 하는 심정이다.

마지막으로 이 책의 번역을 끝까지 독려해 주신 동문선 신성대 사장님께 진심으로 감사드리며, 편집부원들께도 고마움을 전한다. 물론 오직 앞만 바라보며 학자의 길을 걸을 수 있도록 늘 곁에서 격려를 아끼지 않는 철갑옷 사랑에게도 감사하다는 말을 잊지 않으리라.

2008년 1월 오서산하 새재 산방에서 역자 김영모

색 인

김영모(金永模)
프랑스 니스(Nice)대학교 박사과정(D.E.A.)
프랑스 파리-소르본(Paris IV)대학교 문학박사
현재 카이스트(KAIST) 인문사회과학부 대우교수
학위 논문: 《중세 프랑스어에서의 등위접속사 연구》
논문: 〈프랑스어 어휘를 통해 본 14-15세기 프랑스의 풍속과 문화〉
〈대학문법을 통해 본 13세기 중세 불어의 위상〉
〈14세기 프랑스어의 위상-번역서문을 중심으로〉
〈16세기 이전까지의 프랑스어 문법〉 외 다수
저서: 《프랑스 문화와 예술》(공저), 《프랑스 문화》(공저),
《중세 프랑스어 연구》(2003년 문화관광부 추천 우수학술도서)
《프랑스어 동사활용 대사전》《중세 프랑스어 형태론 연구》
《고대 프랑스어 통사론 연구》(2007년 문화관광부 추천 우수학술도서)
역서: 《프랑스 지성인들의 12월》《새로운 충견들》《영화를 생각하다》
《바칼로레아》(공역)

현대신서
204

민족학과 인류학 개론

초판발행 : 2008년 1월 20일

東文選
제10-64호, 78. 12. 16 등록
110-300 서울 종로구 관훈동 74
전화 : 737-2795

편집설계 : 李姃롲

ISBN 978-89-8038-623-9 94380

東文選 現代新書 26

부르디외 사회학 입문

파트리스 보네위츠

문경자 옮김

사회학이란 무엇인가? 사회는 무엇이며, 그것은 어떻게 재생산되는가? 혹은 반대로 사회는 어떻게 변화하는가? 개인이 차지하는 위치는 무엇인가?

분열된 학문인 사회학에서 부르디외의 접근방식은 흥미를 끌지 않을 수 없다. 만약 그가 주장하듯이 과학적 분석이 장의 개념에서 출발하여 이루어질 수 있다면, 그 속에 속해 있는 행위자들 사이의 투쟁은 필연적일 것이다. 그렇기 때문에 그들 중의 일부는 보존 혹은 확장의 전략들을 이용하고, 또 다른 일부는 전복의 전략들을 이용하기도 한다.

본서는 고등학교 졸업반 및 대학 초년생들의 사회경제학 프로그램에 포함된 여러 주제들을 검토하는 데에 활용될 수 있다.

● 첫째, 부르디외를 그 자신의 역사적·이론적 추론의 틀 속에 위치시키면서 그를 소개한다.

● 사회화 과정, 사회의 계층화, 문화적 실천 혹은 불평등의 재생산과 같은 다양한 사회적 사실들을 해명할 수 있게 해주는 개념들과 방법론의 특수성을 설명한다.

● 마지막으로 이 이론의 주요한 한계들을 제시한다.

따라서 대개 산만하게 소개된 부르디외의 이론에 대해 일관된 관점을 가지고 싶어하는 학생들은 이 책을 읽음으로써 흥미를 느낄 수 있을 것이다. 또한 중요한 발췌문을 통해 부르디외의 텍스트들과 친숙해지고, 그의 연구를 더욱 심화, 확대시켜 나갈 수 있을 것이다.

東文選 現代新書 153

세계의 폭력

장 보드리야르 / 에드가 모랭
배영달 옮김

　충격으로 표명된 최초의 논평 이후 2001년 9월 11일의 뉴욕 테러 사건을 어떻게 해석해야 할까? 미국 영토에서 발생한 테러리즘에 대한 이 눈길을 끄는 표현은 무엇을 의미하는 것일까?

　아랍세계연구소에서 개최된 이 두 강연을 통해서, 장 보드리야르와 에드가 모랭은 이 사건을 '세계화'의 현재의 풍경 속에 다시 놓고 생각한다.

　보드리야르의 관점에서 보면 쌍둥이 빌딩이라는 거만한 건축물은 쌍둥이 빌딩의 파괴와 무관하지 않으며, 금융의 힘과 승승장구하던 자유주의에 바쳐진 세계의 상징적 붕괴와 무관하지 않다. "극단적으로 말해서 테러리스들이 이 일을 저질렀지만, 그것은 우리가 원하는 바였다."고 그는 역설한다.

　자신이 심사숙고한 중요한 주제들이 발견되는 한 텍스트를 통해, 에드가 모랭은 테러 행위를 가능하게 만들었던 역사적 조건들을 상기시키고, 나아가 다른 미래를 창조하기 위해 세계적인 자각에 호소한다.

　이 두 강연은 현대 테러리즘의 의미와, 이 절대적 폭력이 탄생할 수 있는 세계의 상황을 이해하는 데 매우 중요한 것이 되고 있다.